메디컬 빅 데이터 연구를 위한
R 통계의 정석

메디컬 빅 데이터 연구를 위한

R 통계의 정석

김종엽

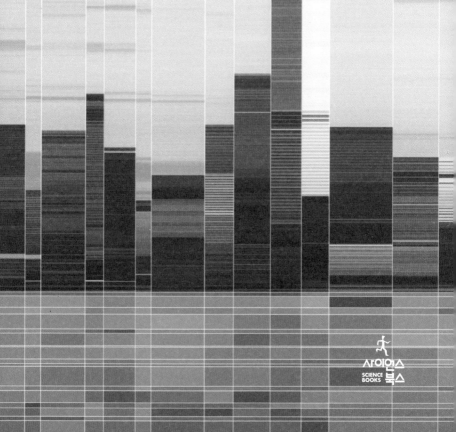

사이언스
SCIENCE
BOOKS 북스

들어가는 글

저는 현재 건양 대학교 의과 대학 정보의학교실 주임 교수와 공과 대학 의료인공 지능학과 겸임 교수로 하루 대부분을 연구에 매진하고 있습니다. 통계를 사용하지 않고 할 수 있는 연구는 하나도 없지만, 그렇다고 통계학을 전공한 것은 아닙니다. 그래서 이 책을 쓸 때 고민이 많았습니다. 하지만 제가 유튜브에 공개한 통계 강의를 보고 많은 분께서 남겨 주신 격려와 감사의 댓글이 제가 용기를 낼 수 있도록 동기를 만들어 주었습니다.

연구자에겐 자신의 연구 가설을 확인하기 위한 통계 방법을 고르는 일부터가 큰 난관입니다. 『R 통계의 정석』은 그러한 독자에게 자신이 어떤 통계 방법을 골라야 하고, 그 이유는 무엇인지를 최대한 쉽게 설명하기 위해 시도되었습니다. 실전에서 통계 분석이 급한 상황이라면, 목차에서 자신의 연구 내용과 맞는 장을 찾아 바로 도움을 받을 수 있도록 구성했습니다. 그렇다 보니 장마다 기본 설명이 일부 중복되기도 합니다. 이 부분은 해당 챕터부터 읽기 시작한 독자를 위한 배려이니 양해를 바랍니다. 책만가지고 이해가 어렵다면, 제 유튜브 채널(https://www.youtube.com/musezzang1)에서 해당 강의 영상을 참고하시면 도움이 되리라 생각합니다. 유튜브나 구글에서 '김종엽 통계'를 검색하시면 쉽게 찾을 수 있습니다.

이와 함께 고마운 분들에게 감사 인사를 전하고자 합니다.

제 모교인 건양 대학교를 설립해 주신 김희수 명예 총장님, 학창 시절부터 제 롤모델이셨던 최원준 의료 원장님, 늘 잘한다고 멋지다고 격려해 주시는 김용하 행정 원장님, 제가 팥으로 메주를 쑨다 해도 좋은 연구 주제라고 응원해 주시는 이성기 연구 원장님, 연구 왕초보이던 저를 의학 박사로 만들어 주신 강재구 지도 교수님께 깊은 감사를 드립니다. 또한 이 자리를 빌어 성 빈센트 병원의 심장내과 교수님이신 문건웅 교수님에게 감사와 존경의 말씀을 전합니다. 문건웅 교수님의 저서 중『R 통계와 그래프』는 제가 수리통계학을 독학으로 공부하고 R에 처음 입문했을 때 큰 도움을 받은 책입니다. 그 책을 교과서 삼아 강의도 많이 했고요. 『R 통계의 정석』에서 저는 강의에서 추가적인 설명이 필요했던 통계 관련 내용을 정리했습니다.

아내 정지현과 하나밖에 없는 딸 수민, 하나밖에 없는 아들 정태에게는 사랑의 마음을 전합니다. 가족이 있어 제가 지치지 않고 매 순간 정진할 수 있음을 기억합니다.

아버지와 어머니께서 물려주신 재주로 하루하루가 설레는 인생을 살고 있습니다. 늘 건강하시고, 곁에서 더 오래 함께해 주세요.

끝으로 연구를 시작하면서 통계라는 첫 관문부터 고생하시

는 연구자분들께 이 책이 작게나마 도움이 된다면 저자로서 더없
는 영광으로 생각하겠습니다.

2021년 여름과 가을 사이

어느 멋진 날에

김종엽

차례

강의에 사용된 데이터 세트를 사이언스북스
홈페이지에서 다운받을 수 있습니다.
『R 통계의 정석』도서 페이지에서 첨부파일 다운로드

<u>1강</u> 통계 작업을 염두에 둔 엑셀 파일 만들기

연구를 시작하려면 통계보다도 선행되어야 하는 작업이 데이터를 모으는 일입니다. 통계는 나중에 누군가에게 부탁하더라도 데이터만큼은 직접 모아야 하죠. 그리고 데이터를 모으는 과정에서 가장 활용도가 높은 프로그램은 단연 마이크로소프트 사의 엑셀입니다. 그런데 같은 프로그램을 사용해도 사람마다 데이터를 담는 방식은 밤 하늘의 별만큼이나 다양합니다. 선의의 도움을 주려던 통계 전문가가 기겁하는 부분이죠. 실제로 데이터 분석 과정에서 가장 귀찮고 하기 싫으면서 시간도 가장 많이 잡아먹는 과정이 엉터리로 기재된 엑셀 내 데이터를 통계 프로그램에서 사용하기 쉽도록 다듬는 일입니다. 그래서 1강에서는 엑셀을 이용해서 이후 있을 통계 작업에 방해가 되지 않도록 데이터를 담는 방법을 이야기하려고 합니다.

엑셀에 데이터를 담을 때 주의 사항

첫 번째: 머리글을 두 줄 이상으로 만들지 마세요.
머리글(header)은 엑셀 파일 첫 번째 줄에 각 칸의 이름을 쓰는 공간을 말합니다. 학번, 나이, 성별 등을 이곳에 쓰죠.

	A	B	C	D	E
1	학번	나이	성별	성적	
2				중간고사	기말고사
3	123456	20	남	89	95
4					
5					

그런데 위 예제를 보시면, 성적을 중간고사와 기말 고사로 나누어 입력하는 과정에서 두 줄을 쓰는 것을 알 수 있습니다. 이러면 나중에 머리글을 사용할 때 무척 번거롭습니다. 통계 프로그램은 대부분 머리글을 기본 한 줄로 해석하기 때문이죠. 위와 같은 데이터를 모으실 때는 아래처럼 하시는 편이 나중에 통계 처리할 때 유리합니다.

	A	B	C	D	E
1	학번	나이	성별	중간고사 성적	기말고사 성적
2	123456	20	남	89	95
3					
4					
5					

두 번째: 열 이름이나 데이터 내부에는 최대한 한글을 피해 주세요. 한글을 쓰면 절대 안 되는 건 아닙니다. UTF−8이나 EUC−KR로 인코딩(encoding)을 하고, 다시 파일을 읽을 때도 인코딩을 맞

추어 주면 한글 깨짐 현상을 해결할 수 있죠. 하지만 제가 방금 한 이야기가 외계의 언어처럼 들리신다면 이해하려 하지 마시고, 그냥 모든 문자를 영어로 통일해 주세요. 여러분을 컴퓨터 전문가 과정으로 안내하는 게 아니라, 컴퓨터가 약한 연구자를 통계 전문가로 만드는 게 이 책의 목표이기 때문입니다.

영어로 열(column) 이름을 작성하실 때는 단어 사이를 띄어 쓰기하시면 안 됩니다. 예를 들어 기말 고사 점수를 'final test'라고 이름을 바꾸게 되면, 그 항목을 컴퓨터가 변수로 불러올 때 'final'과 'test'라는 두 단어로 인식해 우리가 원하는 열을 찾지 못하는 일이 발생합니다. 그렇다고 한 단어로 무작정 작명을 하면, 나중에 규모가 큰 연구에서는 연구보다 작명에 더 많은 시간을 보내기 일쑤죠. 쉬운 팁을 하나 알려 드리면, 띄어쓰기가 필요한 단어는 'final_test'처럼 사이에 언더바(underbar)를 넣어서 사용하거나, 'finalTest'처럼 두 단어를 붙여서 쓰되 두 번째 단어의 첫 알파벳을 대문자로 써서 단어와 단어를 구분하면 됩니다.

또한 열 이름을 길게 작명하는 일에 부담을 갖지 마세요. 코딩을 전문으로 하는 프로그래머들은 훨씬 더 긴 단어로 변수 이름을 설정하기도 합니다. 'the_easy_way_to_make_column_name' 이렇게 말이죠. 이런 식으로 변수 이름을 설정하면, 논문을 제출(submission)하고 첫 리뷰가 올 때까지 한동안 열어 보지 않았던 코드라도 당황하지 않고 다시 사용할 수 있습니다. 본인뿐만 아니라, 누군가에게 코드를 공유했을 때도 별다른 추가 설명

없이 이해되도록 작성하는 것이 멋진 코드를 만드는 팁이기도 하고요.

세 번째: 성별과 같은 범주형 변수는 0, 1이 아니라 M, F처럼 문자로 표시해 주세요.

연구자에 따라서는 0과 1로 쓰기를 권하는 분도 있습니다. 회귀 분석을 위해 더미 변수를 설정할 때 0과 1로 표현하는 경우가 많기 때문인데요. (무슨 이야기인지 모르셔도 괜찮습니다. 이해가 안 되더라도 그냥 제가 말씀드리는 대로 하시면 되니까요.) 문제는 0과 1로 구분되는 결과, 이를테면 사망/생존과 같이 결과가 둘로 나뉘는 경우에 발생합니다. 이런 경우 회귀 분석을 위해서는 로지스틱 회귀 모형을 적용해야 하는데요. 0과 1을 범주형 변수(문자)가 아닌 연속형 변수(숫자)로 회귀 분석을 시행해도 결과가 아무런 오류 없이 잘 나오거든요. 초보 연구자들은 이 결과를 또 자랑스럽게 받아 적게 되고요. 그래서 저는 범주형 변수는 꼭 문자로 데이터를 모으시라고 권합니다.

네 번째: 열 이름 안에 결괏값의 단위를 적지 마세요.

나중에 데이터를 살필 때 편하려고 결괏값의 단위를 포함해서 열 이름을 짓는 경우가 있습니다. 하지만 단위에는 (,), ^, %, $ 같은 특수 기호가 자주 들어갑니다. 특수 기호들은 통계 프로그램 안에서 특수한 임무를 담당할 때가 많죠. 그래서 여러분도 모르게 특수 명령이 실행되는 사례가 발생합니다. 알고 시킨 일이라면 멈추기라도 할 텐데, 모르고 시킨 특수 명령은 멈추기도 어렵습니다. 곤란한 일이 없으려면 처음부터 피하시는 게 상책입니다. 결괏값은 엑셀이 아닌 다른 메모장에 정리해 두시길 권해 드립니다.

PaO2(mmHg)	Lactate(mmol/L)	Hb(g/dL)	Hematocrit(%)	Platelets(10^3/uL)	WBC(10^3/uL)	Seg. N(%)	BUN(mg/dl)
61.2	1.3	14.8	93.6	154	7.70	93.6	17.4
65.9	0.7	14.6	44.1	165	9.50	87.4	23.5
59.3	0.7	14.0	41.4	162	9.00	77.7	18.3

다섯 번째: 하나의 시트에는 하나의 표만 담아 주세요.

간혹 하나의 시트(sheet) 안에 여러 개의 표(table)가 담긴 엑셀 파일을 보곤 합니다. 대개 원본 데이터 파일이 있고, 그 안의 값들을 가지고 함수(function)를 이용해서(참조한다고 표현하기도 합니다.) 새로운 표를 구성하는 경우죠. 대개 연령대별 합계를 구하거나, 성별 평균값 등을 정리할 때 이렇게 작업을 많이 하는데요. 이런 상황은 통계 처리에서 정말 취약입니다. 컴퓨터가 각각의 엑셀 파일을 자동으로 처리할 때 첫 번째 규칙이 맨 윗줄을 각 열의 이름으로 이해하고, 두 번째 줄부터는 열의 관찰값으로 이해하는 겁니다. 만약 중간에 새로운 표가 있다면 컴퓨터는 무척 당황하겠죠. 그래서 엑셀 작업을 할 때 늘 하던 식으로 맨 밑줄 또는 맨 우측 줄에 합계나 평균을 넣으면 절대 안 됩니다. 그런 건 통계 프로그램에서 작업하시면 훨씬 더 쉬우니, 서두르지 마시고 잠시 미뤄 두세요.

145	05월 28일	1	5	2	7
146	05월 28일	1	1	2	7
147	05월 28일	13		2	6
148	05월 28일	1	7	2	6
149	05월 28일	13		2	6
150	05월 28일	3		2	5
평균					

					남	
					60	
GAS	22		IM	67	여	
CIR	3		GS	17	90	
RES	17		OBGY	4		
ENDO	4		PED	4	20대	5
NEP	9		NEU	5	30대	10
ONC	6		REH	6	40대	15
RHE	4		OS	12	50대	28
INF	2		NS	3	60대	53
합계	67		PS	1	70대	28
			CS	0	80대↑	11
			URO	3	합계	

이렇게 정리된 엑셀 파일로 데이터 전처리를 하려면,
정말 번거롭고 시간을 많이 허비하게 됩니다.

이 정도 원칙만 지켜서 엑셀 파일 작업을 하셔도 통계 작업 전에 쓸모없이 허비하는 처리 시간을 대폭 단축하실 수 있을 겁니다. 통계 전문가에게 도움을 요청할 때도 센스 있다고 좋은 이야기를 들으실 거고요. 실제로 빅 데이터를 다루는 사람들은 늘 정돈되지 않은 파일을 정리하는 데 대부분의 시간을 보냅니다. '주판이나 계산기를 두드리는 것도 아니고 컴퓨터로 분석하니, 빅 데이터 분석가는 놀면서 돈 버는 거 아냐?'라고 생각하실지도 모르겠는데, 아닙니다. 빅 데이터 분석 업무의 대부분이 막노동입니다. 데이터 막노동을 하는 전국의 여러분께 저 또한 막노동을 하는 한 사람으로서 경의를 표합니다.

2강 엑셀을 CSV 파일로 변환해서 RStudio로 불러오기

엑셀 파일에 데이터를 모두 담아 놓았다면, 통계 분석을 위해 모아 놓은 데이터를 RStudio로 불러오는 과정이 필요하겠죠. 바로 RStudio에 도전하는 많은 연구자가 진입을 포기하는 그 유명한 단계입니다. 다들 이렇게 이야기하더군요. "RStudio는 어찌나 어려운지, 파일조차 열어 볼 수가 없더라고요." 맞습니다. RStudio에서 데이터를 불러오는 과정은 지금까지 여러분이 사용하던 프로그램과 사뭇 달라 익숙하지 않습니다. 익숙하지 않으면 어렵고요. 위로의 말씀을 드리자면, 어려움을 겪는 사람이 절대 여러분만은 아니라는 사실입니다. 실제로 유튜브에 올려놓은 제 강의 동영상 중에서 가장 많은 조회 수를 기록한 강의가 '엑셀 파일, RStudio로 불러오기'입니다. 그러니 당황하거나 움츠러들지 마시고, 이번 강의를 찬찬히 읽어 보시기 바랍니다. 차근차근 따라 하시면 절대 어렵지 않습니다. 제가 하면 1분도 안 걸리는 과정인데, 겨우 '1분 거리'가 어려우면 얼마나 어렵겠습니까.

엑셀을 CSV 파일로 변환해서 저장하기

엑셀 파일은 RStudio에서 바로 불러올 수 없습니다. 그래서 먼저 엑셀 파일을 R에서 이해할 수 있는 파일 형태로 변환해 주어야 합니다. R 사용자가 가장 많이 사용하는 파일 형태에는 CSV와 TXT가 있습니다. CSV는 쉼표로 구분된 값(Comma Seperated Value)의 약자로, 이름처럼 쉼표로 구분해서 적어 놓은 값들이 담긴 파일을 말합니다. 확장자가 '.csv'로 끝나고요. TXT 파일은 그래도 익숙하시죠? 메모장에서 열리고, 윈도우(Windows)에서 간단한 메모 등을 적어 놓을 때 사용하셨을 테니까요. 저는 가지고 계신 엑셀 파일을 R로 분석할 때는 CSV 파일로 변환하시기를 권해 드립니다. 그래서 이 장에서는 엑셀 파일을 CSV 파일로 변환하는 방법만 소개해 드릴 겁니다. 대신 TXT 파일을 접하실 경우도 있으리라 생각되어 TXT 파일을 R로 불러오는 방법을 장 뒤쪽에서 알려 드리겠습니다.

먼저 엑셀 파일을 CSV 파일로 변환해 보도록 하죠. 이번 장에서 예제로 사용하는 파일은 sampleData.xlsx입니다. 엑셀에서 해당 파일을 열어 보시면 아래 그림처럼 보일 겁니다. 좌측 상단의 '파일' 메뉴를 클릭하도록 하세요. 아래와 같은 창으로 모습이 바뀔 겁니다. '다른 이름으로 저장하기' 버튼을 클릭하세요.

이번에는 파일을 저장하는 폴더 위치를 선택하라는 창이 열립니다. 저는 가급적 변환을 할 엑셀 파일과 같은 위치에 CSV 파일을 저장합니다. 짝으로 함께 다녀야 잃어버리고 다시 만드는 실수를 줄일 수 있거든요.

클릭

'파일' 항목 클릭.

클릭

'다른 이름으로 저장하기' 버튼 클릭.

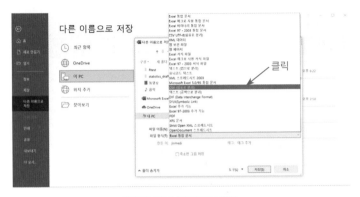

'CSV(쉼표로 분리)' 항목 선택.

파일 형식이 CSV여야 한다.

아래 창이 열렸다면, 저장할 파일 형식을 'CSV (쉼표로 분리)' 항목으로 선택하세요. 그리고 저장합니다.

같은 폴더에 sampleData.csv 파일이 만들어진 것을 확인하셨으면 메모장으로 열어 보세요. 엑셀 안에 담겨 있던 데이터가 쉼표로 구분되어 저장된 모습을 보실 수 있습니다.

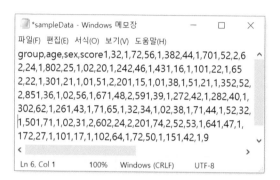

CSV 파일 RStudio로 불러오기

이제 만들어 놓은 sampleData.csv 파일을 RStudio로 불러오도록 하겠습니다. 이 과정은 파일의 경로에 대한 이해가 아주 중요한데요. (그래서 부록 1에서 '파일 경로 마스터하기'를 주제로 이야기했으니, 앞으로 RStudio로 데이터를 불러오는 과정에서 막히면 부록 1을 참고하시기 바랍니다.) 초심자분들을 위해 이 장에서는 그냥 그대로 따라하기만 하면 파일을 불러올 수 있도록 내용을 구성했습니다.

① 우측 하단의 'Files' 항목으로 들어가세요. 윈도우 탐색기와 비슷해서 익숙하실 겁니다. 그곳에서 폴더들을 돌아다니며, 불러오고자 하는 파일을 찾으세요.

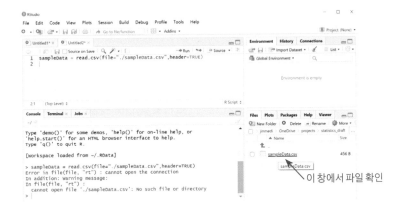

이 창에서 파일 확인

② sampleData.csv 파일을 찾으셨으면 그대로 둔 상태에서, 상단의 'Session' 메뉴로 들어가셔서 'Set Working Directory' ―〉'To Files Pane Location'을 선택하세요.

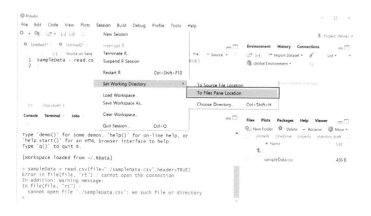

③ 다시 File 밑에 있는 버튼을 누르고 들어가서 'R Scipt'를 선택하거나, 단축키인 ctrl ＋ shift ＋ N 조합을 눌러서 R 스크립트 창을 새로 만드세요. 좌측 하단의 콘솔 창에 직접 명령어를 입력하셔도 되지만, 그러면 나중에 내가 작업한 코드들을 정리해서 보관할 수 없습니다. 좌측 상단의 스크립트 창은 연구 노트라고 생각하시고, 되도록 작업하는 모든 코드는 이곳에 적고 저장해 두세요.

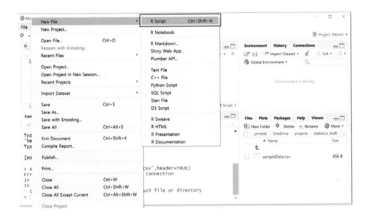

그러면 나중에 피가 되고 살이 됩니다.

④ 좌측 상단의 스크립트 창에 아래 코드를 입력하신 뒤에 ctrl + return(또는 enter) 키 조합을 눌러서 해당 줄을 실행시키세요. 그러면 우측 상단의 'Environment' 창에 sampleData라는 이름의 데이터 세트가 생성된 것을 확인하실 수 있습니다. 이 명령어에서 header = TRUE라는 옵션은 불러오는 데이터의 첫 번째 줄이 데이터 자체가 아니라, 열의 이름이 적혀 있다는 것을 컴퓨터에게 알려 줍니다.

```
> sampleData <- read.csv(file ="./sampleData.csv", header
= TRUE)
```

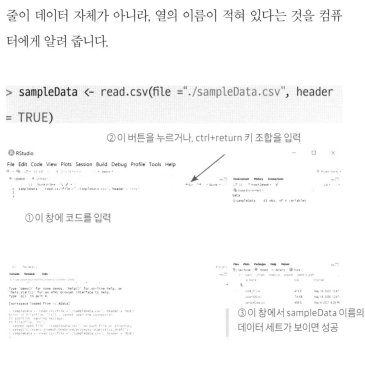

②이 버튼을 누르거나, ctrl+return 키 조합을 입력

①이 창에 코드를 입력

③이 창에서 sampleData 이름의 데이터 세트가 보이면 성공

⑤ 'Environment' 창에서 sampleData를 마우스로 클릭하시거나, View(sampleData)를 스크립트 창에 입력하신 뒤, ctrl + return(또는 enter) 키 조합을 눌러 실행시켜 보세요. 새로운 탭이 열리면서 아래와 같이 데이터들이 보인다면 여러분은 모두가 어렵다고 기겁하는 과정을 무사히 넘기신 겁니다.

TXT 파일 RStudio로 불러오기

이번에는 TXT 파일을 불러오도록 하겠습니다. 예제 파일은 colon_cancer_sample_2012.txt입니다. 건강 보험 심사 평가원에서 무료로 배포한 대장암 관련 공공 데이터이며, 실습을 위해 일부만 따로 파일을 만들었습니다.

① CSV 파일을 읽어 오는 함수가 read.csv() 함수였다면, TXT 파일은 read.delim() 함수를 이용합니다.

```
> colonCancer <- read.delim(file = "./colon_cancer_sample_2012.txt")
```

위 코드를 스크립트 창에 입력하고 실행시키세요.

②이 버튼을 누르거나, ctrl+return 키 조합을 입력

①이 창에 코드를 입력

② 우측 상단의 'Environment' 창에 colonCancer라는 데이터 세트가 보일 겁니다. 클릭했을 때 새로운 탭이 열리면서 아래와 같은 데이터가 보인다면 이 또한 성공하신 겁니다. 축하드립니다.

이름을 클릭

<u>3강</u> 두 그룹의 평균을 비교하기

두 그룹의 평균을 비교하는 일은 거창한 연구가 아니더라도, 정말 자주 활용하는 통계 분석입니다. 하지만 이것마저도 처음에는 쉽지 않죠. 저는 오히려 여기까지만 제대로 따라오시면 나머지도 쉽다고 말씀드리고 싶군요. 두 그룹의 평균을 비교하는 통계분석 방법은 전 세계에 딱 3개만 있다고 생각하시면 됩니다. 그중 하나가 t-검정(t-test)이고요. 다음 하나는 윌콕슨 순위합 검정(Wilcoxon rank-sum test), 마지막 하나가 웰치의 검정(Welch's test)입니다. 다른 통계 책을 함께 펼쳐 놓고 공부하다가 맨-휘트니 U 검정(Mamn-Wihtney U test)과 맨-휘트니-윌콕슨 검정(Mann-Whitney-Wilcoxon test, MWW test)이라는 이름의 분석 방법을 만나실 수도 있는데요. 모두 윌콕슨 순위합 검정이랑 같은 분석이니당황하실 필요 없습니다. 여러분은 이제 두 그룹의 평균을 비교할때, 앞서 이야기한 딱 세 가지 방법만 머리에 떠올리시면 됩니다. 그렇다면 세 가지 중에서 어떤 방법을 써야 할까요?

제가 통계를 제대로 공부하기 전에는 통계 방법이 해마다 개정되는 줄 알았습니다. 그래서 제가 대학교 다닐 때 배운 구닥다리 방법으로 의미 있는 p-값(p-value, 데이터가 얼마나 특이한지를 나타내는 값)을 찾지 못할 때, 다른 연구자들은 최신 통계 방법을 사용해 비슷한 데이터로도 더 작은 $p-$값을 뽑아내는 줄 알았지요. 하지만 막상 통계를 공부해 보니 전혀 그렇지 않더군요. 두 그룹의 평균을 비교하는 방법은 예나 지금이나 이렇게 딱 세 가지뿐입니다. 그러니 이 장을 공부하고 나면 여러분은 이제 전 세계에서 평균을 가장 잘 비교하지는 못해도, 절대 두 번째가 되지는 않으실 겁니다.

세 가지 중 하나를 선택하는 요령

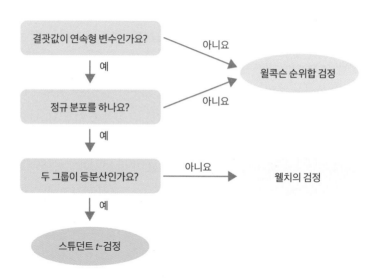

긴 말 필요 없이, 위 순서도를 보고 차근차근 따라 하시면 됩니다. 가장 먼저 여러분의 데이터에서 눈여겨봐야 할 부분은 비교하고자 하는 결괏값이 연속형 변수(coutinuous variable)이냐 아니냐입

니다. 연속형 변수란 한마디로 수량화가 가능한 값을 말합니다. 아스파테이트 아미노 전이 효소(Aspartate Aminotransferase, AST), 알라닌 아미노산 전이 효소(Alanine Aminotransferase, ALT) 등의 간 수치나 신장, 체중 등이 모두 연속형 변수이지요. 나이(age)는 그러면 연속형 변수일까요, 아닐까요? 나이는 대부분 연속형 변수입니다. 하지만 국민 건강 보험 공단이나 건강 보험 심사 평가원에서 배포하는 보건 빅 데이터에는 나이가 단순한 숫자가 아닌 연령대로 구분되어 있죠. 10대, 20대, 30대로 구분된 데이터라면 이건 더는 연속형 변수가 아닙니다. 혼란스러우시죠? 제가 다시 정리해 드리겠습니다.

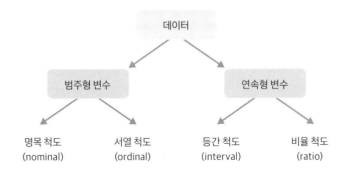

모든 데이터는 위의 그림에서 보시는 것처럼 범주형 변수(categorical variable)와 연속형 변수로 나뉩니다. 그리고 범주형 변수는 다시 명목 척도(nominal scale)와 서열 척도(ordinal scale)로 구분되죠. 연속형 변수는 등간 척도(interval scale)와 비율 척도(ratio scale)로 또다시 세분화되고요. 명목 척도는 성별이나 직업, 학력, 거주지 등의 변수를 말합니다. 서열 척도는 순위 척도라고도 자주 불리는데, 설문지에서 아주 많이 등장하죠. '나쁨', '보통', '좋음'처럼 명목 척도 같지만, 변수 사이에 서열(순위)이 존재하는 경우가 여기에 해당합니다. (등간 척도는 정수로 딱 떨어지는 값입니다. 가장 대표적인 등간 척도는 사람 수를 셀 때입니다. 학생 수나, 입원 환자 수 등을 셀 때는 정수 밑으로 나눠 셀 수가 없죠. 반대로 비율 척도는 소수점 밑으로 나눠 셀 수 있는 값입니다. 신장이나 나이, 체중, 거리, 간 수치 등이 모두 여기에 포함되죠.) 그렇다면 연령대는 연속형 변수일까요, 아닐까요? 당연히 범주형 변수 안에 포함되는 서열 척도입니다. 이처럼 나이를 '연령'으로 분석할 때와 '연령대'로 분석하는 경우는 통계 분석 방법이 완전히 다르니 잘 염두에 두셔야 합니다.

이제 순서도를 다시 살펴보도록 하겠습니다. 연속형 변수가 아니라면, 윌콕슨 부호 순위 검정(Wilcoxon signed-rank test)으로 비교를 해야겠군요. 만약 결괏값이 연속형 변수라면 순서도를 따라 밑으로 내려가서 분포가 정규 분포(normal distribution)인지 아닌지를 다시 살펴야 합니다. 정규 분포를 하지 않는다면, 여전히 윌콕슨 부호 순위 검정으로 분석을 해야겠군요. 하지만 정규 분포라면 한 단계를 더 거쳐야 합니다. 비교하려는 두 그룹의 분산이 서로 동일한지 그렇지 않은지에 따라 분석 방법이 달라지기 때문입니다. 만약 두 그룹이 등분산(equal variance)을 만족한다면 그 유명한 스튜던트 t-검정(Student t-test, 간혹 independent t-test

나 단순히 *t*-test라고 불리기도 합니다.)으로 분석을 하게 됩니다. 등분산을 만족하지 못한다면, 대신 웰치의 검정이라는 다소 낯선 분석 방법이 필요하죠.

이제 어떤 경우에 세 가지 분석 방법 중 하나를 골라야 하는지 알아봤으니, 각각의 분석 방법을 RStudio에서 하는 방식으로 함께해 보겠습니다.

실습할 예제 데이터 불러오기

실습에 사용할 데이터는 meanData라는 이름의 데이터 세트이고요. 총 41명 학생의 성적이 입력되어 있습니다. 아래 명령어를 RStudio의 스크립트 창에 입력하고 ctrl + return(또는 enter) 키 조합(맥 OS는 cmd + return 키 조합)을 누르면 해당 데이터 세트가 우측 상단의 'Global Environment' 창에 떠오른 것을 확인하실 수 있을 겁니다. 여기까지 따라오셨다면, 실습할 예제 데이터를 메모리에 잘 올리신 거예요.

```
> meanData <- read.csv(file = "./ch04_01.csv", header =
TRUE)
```

이다음에 할 일은 meanData에 어떤 데이터들이 들어 있는지 직접 확인해 보는 겁니다.

좌측 명령어를 실행시키고 나면,
Environment 창에 meanData라는 데이터가
나타난 것을 확인할 수 있습니다.

```
> head(meanData)

  group age sex score

1     1  32   1     7

2     2  56   1    38

3     2  44   1    70

4     1  52   2     6

5     2  24   1    80

6     2  25   1     0
```

여기서 head()라는 함수는 데이터 세트 안에서 상단에 있는 6개의 행을 보여 달라는 명령입니다. 작은 데이터를 다룰 때에는 View(데이터 세트 이름) 함수를 이용해서 전체 데이터를 살펴보는 것이 도움이 될 수 있지만, 몇 만 줄이 넘어가면 되도록 head() 함

수로 데이터를 살펴보기를 권합니다. 컴퓨터에 부담이 되거든요. 여기서 meanData 데이터 세트는 총 41줄밖에 되지 않는 데이터 이니, View(meanData) 명령어를 이용해서 전체 데이터 세트를 열어 보셔도 됩니다. 지면 관계상 전체 데이터를 책에 담지는 않겠습니다.

```
> View(meanData)
```

새 탭이 열리면서 meanData 데이터 세트의 원데이터(raw data)가 모두 보이실 겁니다. 이 창은 그냥 '미리 보기' 창이라고 생각하시면 됩니다. 제가 RStudio를 처음 쓰기 시작했던 시기에 데이터 필 업(data fill up)을 하다 잘못 입력된 값이 있어서 이 창에서 수정을 시도했는데요. 이 창에서는 수정은 불가능합니다. 없는 기능이니 굳이 찾는 수고는 따라 하지 마세요.

전체 데이터를 살펴보시면, 열이 그룹(group), 나이(age), 성별(sex), 성적(score)으로 구분되어 있습니다. 두 그룹을 비교하기 위한 예제여서 그룹은 '1'과 '2'로 나뉘어 있고요. 나이 열과 성적 열에는 연속형 변수가 들어가 있고, 성별 열은 남자는 '1', 여자는 '2'인 범주형 변수로 채워져 있습니다.

정규 분포 여부를 확인하는 방법
이제 순서도의 구석구석을 채우고 있는 여러 과정을 따로따로 살펴보도록 하겠습니다. 가장 먼저 정규 분포 여부를 확인하는 방법입니다. 정규 분포 여부는 아래 코드를 사용해서 샤피로-윌크 검정(Shapiro-Wilk test)을 통해 확인하게 됩니다.

```
> output = lm(종속 변수(결괏값) ~ 독립 변수(차이의 원인이 되는
값), data=데이터 세트 이름)
> shapiro.test(resid(output))
```

여기에 예제 데이터를 적용하면 아래와 같습니다.

```
> output = lm(score ~ group, data=meanData)
> shapiro.test(resid(output))

    Shapiro-Wilk normality test

data:  resid(output)
W = 0.91524, p-value = 0.004821
```

p-값이 0.004821로 계산된 게 보이시나요? p-값이 0.05보다 크다면 정규 분포를 한다고 보고, 0.05보다 작다면 정규 분포를 하지 않는다고 기억하시면 됩니다. 이 경우에서는 0.05보다 p-값이 한참 작으니까 데이터의 정규성(normality)을 가정할 수 없는 거

죠. 참고로 세 집단을 비교하는 경우에도 같은 과정을 밟아서 동일하게 p-값을 해석하시면 됩니다. (간혹 정규 분포 여부를 그룹별로 각각 확인해야 하는 거 아니냐는 질문을 받습니다. 그룹 '1'과 '2'에 해당하는 사람들의 성적이 정규 분포를 하는지를 개별적으로 확인하면 안 되냐는 거죠. 물론 그룹별로 정규 분포를 하면 위의 p-값도 0.05보다 큰 경우가 대부분입니다. 하지만 문제는 두 결과가 일치하지 않을 때 발생합니다. 그룹별 성적의 분포는 정규 분포를 하는데, 위 계산에서는 p-값이 0.05보다 작을 수도 있거든요. 반대로 그룹별 성적은 정규 분포를 하지 않는데, 위 공식으로 계산한 p-값은 0.05보다 클 수도 있습니다. 그렇다면 어떤 결과를 믿어야 할까요? 바로 제가 알려 드린 공식에서 계산된 p-값입니다. 이유는 두 그룹의 평균을 비교하는 분석이 귀무 가설(null hypothesis) '두 그룹의 평균값은 차이가 없다.'에서 출발하기 때문입니다. '그룹 1의 평균' - '그룹 2의 평균' = 0 이라는 현상이 발생할 확률을 계산하는 거죠. 여기서 p-값이 0.04로 계산된다면 평균의 차가 '0'일 확률이 4퍼센트이므로 자연적으로 발생하기에는 매우 드물다라고 판단하고 '두 그룹 평균의 차이는 0이 아니다.'라는 대립 가설(alternative hypothesis)을 받아들이게 되는 겁니다. 이 과정에서 우리가 살펴보는 건 두 그룹 간의 차이이지, 각 그룹의 평균이 어떻게 분포하는지가 아닙니다. 그래서 두 집단이든 세 집단이든 정규 분포 여부를 확인하는 건, 위에서처럼 lm( ) 함수를 이용해서 얻은 결괏값을 resp( ) 함수를 통해 잔차(residual)를 계산하고 이 값의 정규성을 shapiro. test( ) 함수를 이용해서 검정하는 편이 원론적인 측면에서 더 합당합니다. 이게 무슨 귀신 씻나락 까먹는 소리냐 싶으신 분들은 그냥 저를 믿고 위 방식대로 정규성 검정을 하시면 됩니다.)

등분산인지 확인하는 방법

만약 정규 분포를 만족한다면, 순서도에서 다음 과정이었던 등분산 여부 확인을 진행해야 합니다. 등분산을 확인하는 방법은 아래 코드와 같습니다.

```
> var.test(score~group, data=meanData)

	F test to compare two variances

data:  score by group
F = 0.49629, num df = 19, denom df = 20, p-value = 0.1327
alternative hypothesis: true ratio of variances is not
equal to 1
95 percent confidence interval:
 0.1999497 1.2451631
sample estimates:
ratio of variances
          0.49629
```

p-값이 0.1327로 계산된 것이 보이시죠? 여기서도 'p-값이

0.05보다 크면 등분산을 한다.'라고 해석하시면 됩니다. 물론 0.05 보다 작으면 등분산을 하지 않는 거고요. 이제 순서도에서 분기점에 해당하는 정규 분포와 등분산의 조건을 확인하는 방법을 살펴봤으니, 결과로 도착한 각각의 경우에서 평균을 비교하는 방법을 알아보도록 하겠습니다.

① t-검정을 하는 방법

세 가지 분석 방법 중 통계의 문턱을 넘어 봤다면 모두가 알고 있을 스튜던트(또는 독립) $t-$검정부터 살펴보도록 하겠습니다. 결괏값이 연속형 변수고, 정규 분포를 하면서 등분산까지 한다면 아래 코드로 그룹 간의 차이 평균을 비교하시면 됩니다.

```
> t.test(score~group, data=meanData, var.equal=TRUE)


    Two Sample t-test


data:  score by group
t = -2.9713, df = 39, p-value = 0.005057
alternative hypothesis: true difference in means is not
equal to 0
95 percent confidence interval:
 -35.97590  -6.83362
```

```
sample estimates:
mean in group 1 mean in group 2
        14.50000          35.90476
```

$p-$값이 0.005057로 나왔네요. 해석은 '$p-$값이 0.05보다 작으므로, 두 그룹의 평균은 통계적으로 의미 있게 차이가 난다.'라고 볼 수 있겠네요. 만약 $p-$값이 0.05보다 크게 나왔다면, 두 그룹의 평균은 차이가 없다고 해석하면 됩니다.

② 윌콕슨 순위합 검정을 하는 방법

결괏값이 연속형 변수가 아니거나, 정규 분포를 하지 않는다면, 아래의 방법으로 분석하면 됩니다. 해당하는 함수(wilcox.test())의 이름이 윌콕슨으로 시작하니 기억하기 쉽죠? (이 방법은 결괏값이 정규 분포를 하지 않는 경우, 즉 모집단의 분포를 가정할 수 없을 때 비모수적(non-parametric)인 관점에서 그룹 간 비교를 하는 방식입니다. 비모수적 분석에서는 관찰(조사)값의 순위만 남기고 실제값은 모두 무시합니다. 순위만 가지고 평균을 구해서 두 그룹의 차이를 분석하는 거죠.)

```
> wilcox.test(score~group, data=meanData)
Warning in wilcox.test.default(x = c(7L, 6L, 10L, 65L, 0L,
20L, 0L, 5L, :
cannot compute exact p-value with ties
```

```
    Wilcoxon rank sum test with continuity correction

data:  score by group
W = 98.5, p-value = 0.003707
alternative hypothesis: true location shift is not equal
to 0
```

해석은 'p-값을 기준으로 0.05보다 작으면, 두 그룹의 평균은 통계적으로 의미 있게 차이가 난다.'입니다. 결과를 자세히 살펴보시면 경고 메시지가 포함된 것을 알 수 있는데요. 똑똑한 wilcox.test() 함수가 비모수적인 관점에서 순위(등수)만 가지고 분석을 하려는데, 결괏값이 동일한 경우가 많아서(순위가 같은 경우가 있으니) 계산된 p-값이 정확한지 자신할 수 없다는 엄살입니다. 결괏값 2개가 겹치는 일은 실제 분석에서 매우 자주 있으니, 마음 쓰지 않으셔도 됩니다.

③ 웰치의 검정을 하는 방법

마지막으로 결괏값이 연속형 변수이고 정규 분포는 하는데, 등분산 조건을 만족하지 못하는 경우에 필요한 웰치의 검정을 알아보죠. 코드는 아래와 같습니다.

```
> t.test(score~group, data=meanData, var.equal=FALSE)

    Welch Two Sample t-test

data:  score by group
t = -2.9964, df = 35.988, p-value = 0.004924
alternative hypothesis: true difference in means is not
equal to 0
95 percent confidence interval:
 -35.892496  -6.917028
sample estimates:
mean in group 1 mean in group 2
      14.50000        35.90476
```

해석은 마찬가지로 'p-값이 0.05보다 작으면, 두 그룹의 평균은
통계적으로 의미 있게 차이가 난다.'입니다.

두 그룹의 평균을 비교하기 실제

예제 데이터의 결과를 30쪽의 순서도를 따라 다시 한번 확인해
보죠. 결괏값이 해당하는 성적이 연속형 변수이니, 정규 분포 여
부를 확인해야 했고요. 그 결과, 정규 분포를 하지 않으니 윌콕슨
순위 합 검정으로 분석해야 한다는 결론에 도달했습니다. ②에

해당하는 코드로 분석한 결과 $p-$값은 0.003707로 두 그룹의 성적은 통계적으로 의미 있게 차이가 난다는 결론을 얻을 수 있었죠. 여기서 주의해야 할 점은 동일한 데이터를 ①이나 ③ 코드에 적용해도 별다른 오류 없이 $p-$값이 계산된다는 겁니다. 올바른 통계 분석 방법을 선택하는 건 결국 저와 여러분의 몫인 거죠. 하지만 걱정하지 마세요. 이 책, 그리고 바로 이 장에 순서도가 있으니까요.

4강 세 그룹 이상의 평균을 비교하는 방법

분산 분석(ANalysis Of VAriance, ANOVA)이라는 이름, 왠지 익숙하신가요? 학부 시절 커리큘럼에 통계 관련 과목이 하나만 있었어도 여러분은 틀림없이 이 단어를 배우셨을 겁니다. 활용 빈도 또한 무척 높죠. 사실 3강에서 알아봤던 두 그룹의 평균 비교는 논문을 작성할 때 실험군과 대조군의 나이 등을 비교하면서 자연스럽게 녹아들어 가고, 실제로 결과 제출에 이용되는 분석 방법은 이 장에서 소개할 세 그룹 이상의 평균 비교부터일 겁니다. 3강을 잘 이해하셨다면 절대 어렵지 않습니다. 일단 (두 그룹의 비교에서처럼) 세 그룹 이상의 평균을 비교할 때 사용하는 통계 분석 방법도 세 가지뿐입니다. 고르는 방법도 다음 쪽 그림처럼 같은 순서도로 나타납니다. 3강과 유사한 방법으로 진행하면 되겠죠? 사실 그럴 수도 있지만, 이번 강의에서는 실제 연구에서 늘 부딪치게 되는 데이터 클리닝(data cleaning 또는 data cleansing, 본격적인 분석에 앞서 데이터 정리하기) 과정을 살짝 엿볼 예정입니다. 실전에서는 이 과정이 정말 중요하거든요. 하지만 어떤 책에서도 데이터 클리닝만을 주제로 챕터를 구성하지는 않습니다. 그 이유는 워낙 데이터마다 상황별로 적용해야 할 클리닝 방법이 상이하기 때문이죠. 그래서 저는 챕터마다 주어진 문제를 해결하는 방식으로 클리닝을 설

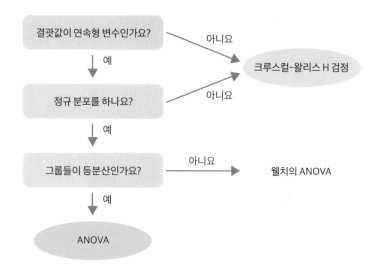

명하려고 합니다.

데이터 클리닝

이번 장에서 이용할 예제 데이터는 건강 보험 심사 평가원에서 공공 데이터로 배포했던 대장암 환자 자료 중 300명을 임의로 추출한 것입니다. 데이터 안에는 환자의 나이(age), 성별(sex), 신장 (height), 체중(weight), 대장암 병기(stage), 입원 일수(HDday), 진단 코드(Code) 등이 담겨 있습니다. 먼저 2강에서 배웠던 read.csv() 함수를 이용해서 예제 데이터를 불러오도록 하겠습니다.

```
> colon300 <- read.csv(file = "colon300.csv", header =
TRUE)
```
*# 'header = TRUE'라는 옵션은 예제 데이터의 첫 번째
행이 각 열의 이름이라는 것을 컴퓨터에 알려 줍니다.*
```
> View(colon300)
```
*# 불러들인 colon300.csv 파일이 colon300
라는 변수에 잘 담겼는지, 새로운 창을 열어 colon300 안을 보여
달라는 명령어입니다.*

새로운 탭이 열리면서 아래와 같은 화면이 보인다면 성공입니다. 그렇지 않다면 틀림없이 경로 설정의 문제일 겁니다. 이렇게 자신하는 이유는 저도 이 실수를 수도 없이 반복하기 때문이죠. 작업 디렉토리(working directory)가 파일이 위치한 폴더로 설정이 되어 있는지 확인하시기 바랍니다. 직접 해결하실 수 있는 분들은 아래 결과를 확인한 이후에 계속 진행하시면 되고요. 만약 경로

설정에 대해 하나도 모르겠다는 분이라면, 부록 1 「파일 경로 마스터하기」와 2강 「엑셀을 CSV 파일로 변환해서 RStudio로 불러오기」를 참고하시기 바랍니다.

데이터를 불러온 이후에 가장 먼저 할 일은 어떤 데이터를 불러왔는지 확인하는 일입니다. 물론 View() 함수를 이용해서 확인하셨지만, 그것만으로는 부족합니다. 데이터가 어떤 구조로 구성되어 있는지를 살피는 게 진짜죠. 이를테면 회사에서 신입 사원을 뽑을 때 하는 심층 면접 같은 겁니다. 구조를 보는 함수는 영단어 structure의 약자인 str() 함수입니다. 다음 코드를 입력하시고 ctrl + return (또는 enter) 키 조합을 누르세요.

```
> str(colon300)
'data.frame':   300 obs. of  7 variables:
 $ age   : int  32 46 63 52 55 53 72 75 64 71 ...
 $ sex   : Factor w/ 2 levels "F","M": 1 1 2 2 2 1 2 1 1 1 ...
 $ height: num  167 167 157 151 165 ...
 $ weight: num  56.7 71.9 49.7 53 50.5 89 54.4 70 55.2 63.8 ...
 $ stage : Factor w/ 4 levels "I","II","III",..: 3 3 3 1 1 2 1 1 1 3 ...
 $ code  : Factor w/ 11 levels "C180","C181",..: 6 7 10 11 7 6 11 9 11 11 ...
 $ HDday : int  8 9 8 11 32 15 19 65 10 8 ...
```

결과를 살펴보도록 하죠. 나이는 int 형식으로 38, 52, 62 등등의 값이 담겨 있다는 의미입니다. int는 integer의 약자로 정수를 의미합니다. 신장과 체중도 같은 숫자이지만, 형식은 num인 것을 볼 수가 있습니다. num은 number의 약자로 숫자를 의미합니다. 정수와는 달리 소수점 아래의 숫자를 담을 수 있습니다. 성별과 대장암 병기, 진단 코드는 Factor라고 표시되어 있는데요. 한글로는 '요인'이라고 번역합니다. 처음에는 문자(character)가 담기는 chr 형식과 혼란스러우실 겁니다. 둘 다 문자니까요. 하지만 chr 형식에서 개별 문자가 모두 고유 명사처럼 쓰인다면, 즉 따로따로 의미를 가진다면, Factor 형식에서 문자는 종류(level) 중의 하나를 의미합니다. 예를 들어 성별은 2개의 종류인 'F'와 'M'으로 구성되어 있다는 의미이고, 대장암 병기는 4개의 요인으로 구성되어 있으며, 개별 행은 4개의 요인 중 하나를 가지게 되죠. 진단 코드는 11개로 구성되어 있음을 알 수 있습니다.

추가 설명: str() 함수의 결과 중 병기의 Factor w/4 levels에서 나타나는 'I'는 이 행이 4개 요인 중 하나인 I값을 가진다는 것을 의미합니다. 단순히 I라는 이름이 아니라, 요인 중 하나라는 의미는 R뿐만 아니라 모든 통계 관련 프로그램에서 매우 큰 의미를 가집니다. 그러니 str() 함수를 통해 데이터 세트의 구조를 볼 때 해당 열이 요인인지 아니면 문자인지 구별해서 보는 실력을 키우셔야 합니다.

결측값 제거하기

실습을 위해 제작한 데이터 세트를 제외하고 결측값(missing value, 비어 있는 값)이 하나도 없는 데이터는 존재하지 않습니다. 세상일이 그렇게 단순하지 않으니까요. View(colon300) 명령어를 통해 열어 놓은 탭을 클릭해서 원데이터를 살펴보시면, 열한 번째 환자 데이터의 경우 신장(height) 항목에 NA(Not Available)라고 표시되어 있는 것을 보실 수 있습니다. NA(또는 na)는 컴퓨터에서 값이 비어 있다는 의미입니다. 0과는 또 다른 의미죠. 그런데 이런 값들이 통계 분석에 그대로 포함되면 현상을 왜곡할 수가 있습니다. 그래서 연구자들은 크게 두 가지 방법을 많이 활용합니다. 하나는 그 주변 행의 값을 가지고 유추해서 결측값을 채우는 무응답 대체 방법이 있습니다. 두 번째 방법은 행(환자)에 하나라도 결측값(누락된 결괏값)이 있으면 아예 그 행(환자)을 전체 데이터 세트에서 삭제하는 방법입니다. 저는 두 번째 방법을 선호합니다. 그런데 전체 환자 수가 1만 명 단위를 넘어서면 수작업으로 결측값이 포함된 행(환자)을 모두 선별하기란 매우 어려운 일입니다. 그래서 결측값이 포함된 모든 행(환자)을 자동으로 제거해 주는 함수가 있습니다. 바로 na.omit() 함수입니다. 해당 함수를 써서, colon300 데이터 세트에서 결측값이 하나도 없는 환자만을 추려 colon_clean이라는 변수에 담아 보도록 하겠습니다.

```
> colon_clean <- na.omit(colon300)
```

명령이 실행된 이후에 위 사진처럼, 우측 상단에 colon_clean 변수가 생성되었다면 성공하신 것입니다. 그 뒤편의 숫자를 보면, colon300에서는 300개였던 관찰값(obs)이 296으로 줄어들었군요. 신장 값이 누락된 환자가 4명 있었던 모양입니다.

데이터 살펴보기

이제 데이터 클리닝이 완료되었으니 통계 분석의 첫 단추를 채워 보도록 하겠습니다. 저는 (회귀 분석 등의 고급 통계를 제외한) 기본 통계에서는 되도록 그래프를 먼저 그려서 여러분의 직관을 통해 결과를 유추해 보기를 권합니다. 정규 분포를 하는지 샤피로－윌크 검정을 시행하기 전에 앞서 데이터의 분포가 실제로 정규 분포 (종 모양)에 가까운지 눈으로 확인해 보라는 말씀입니다. 이렇게 하면, 나중에 구하게 될 통계값에 대해 자신을 가질 수도 있고 실수를 했을 때 다시 돌아볼 기회가 생깁니다. 예를 들어 정규 분포를 절대 하지 않을 것 같은 모양의 분포였는데, 통계값이 정규 분포라고 나왔다면 그것은 계산을 잘못했을 가능성이 매우 높습니다. 통계값이란 눈으로 확인하면 알 수 있는 직관적인 결과를 남에게 신뢰성 있게 전달하기 위해 만들어진 것입니다. 이야기만으로 "내가 보기에는 정규 분포 같더라."라고 하면 상대방이 이것을 믿어야 할지 말아야 할지 고민할 수 있겠죠. 그럴 때 $p-$값을 적어 준다면 상대방이 어느 정도 정규 분포에 가까운지 객관적으로 느낄 수 있습니다. 거꾸로 눈으로 의미가 보이지 않는 결과에서 통계값이 의미 있게 나온다면 전후가 뒤바뀐 거죠. (물론 고급 통계로 가면 모든 결과를 그래프로 직관화하기 어렵습니다. 마치 고전 역학은 그림으로 설명할 수 있지만, 양자 역학을 그림으로 설명하기란 어려운 것처럼요.)

분포를 살펴볼 때 가장 많이 활용되는 것은 밀도 그래프입니다. 밀도 그래프를 그리는 함수는 여러 개가 있는데, 이 장에서는 가톨릭 대학교 성 빈센트 병원의 문건웅 교수님께서 제작·배포하신 moonBook 패키지에 들어 있는 densityplot() 함수를 이용해 보겠습니다.

> *install.packages("moonBook")* 함수는 여러분의 컴퓨터에서

한 번만 실행하시면 됩니다. 마치 게임을 OS에 설치하는 것과 같습니다. 컴퓨터를 껐다 켤 때마다 매번 게임을 설치하지 않는 것처럼요.

> library(moonBook) # 컴퓨터를 재시작하거나, 프로그램을 종료했다가 다시 실행할 때는 *library()* 함수만 다시 실행하면 됩니다. 이건 게임을 켜기 위해 바로가기 아이콘을 클릭하는 과정이라고 보시면 됩니다.

```
Attaching package: 'moonBook'
The following object is masked from 'package:lattice':

    densityplot
> moonBook::densityplot(height~stage, data=colon_clean)
```

명령어의 첫 번째 줄은 moonBook이라는 패키지를 여러분의 컴퓨터에 설치하라는 명령어입니다. 인터넷에서 패키지를 내려받아서 자동으로 설치를 시작합니다. 때문에 당연히 컴퓨터에 인터넷이 연결되어 있어야 하고, 설치에 조금 시간이 걸립니다. 그다음 줄의 library(moonBook) 명령어는 설치된 패키지를 실행하라는 의미입니다. 이 명령어를 실행한 이후부터 moonBook 패키지 안에 들어 있는 여러 함수를 사용할 수 있게 됩니다. 가장 먼저 살펴볼 함수는 densityplot() 함수입니다. moonBook::densityplot()이

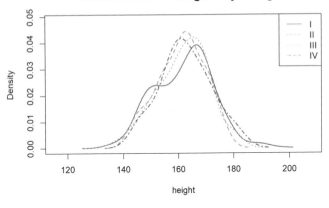

암 병기별 신장의 분포.

라고 함수 앞에 패키지의 이름(moonBook::)을 붙여 쓴 것을 볼 수 있습니다. 이건 moonBook 패키지 안에 있는 densityplot() 함수를 지정하기 위해서입니다. 대부분은 패키지의 이름을 생략하고 쓰는데요. 여기에서만 패키지의 이름을 붙여 준 건 densityplot() 함수가 moonBook 패키지 이외에 다른 패키지에도 같은 이름으로 존재하기 때문입니다.

그래프를 보시면 다행히 네 그룹의 분포가 모두 종 모양과 비슷한 것을 확인할 수 있습니다. 각각 정규 분포를 할 가능성이 높겠군요. 그러면 샤피로-윌크 검정을 통해 각 병기 환자의 신장 분포가 실제로도 정규 분포를 따르는지 살펴보겠습니다.

```
> shapiro.test(colon_clean$height[colon_clean$stage==
"I"])
```

    Shapiro-Wilk normality test

```
data:  colon_clean$height[colon_clean$stage == "I"]
W = 0.97765, p-value = 0.3484
> shapiro.test(colon_clean$height[colon_clean$stage=="
II"])
```

    Shapiro-Wilk normality test

```
data:  colon_clean$height[colon_clean$stage == "II"]
W = 0.97606, p-value = 0.0819
> shapiro.test(colon_clean$height[colon_clean$stage=="I
II"])
```

    Shapiro-Wilk normality test

```
data:  colon_clean$height[colon_clean$stage == "III"]
W = 0.98557, p-value = 0.2674
> shapiro.test(colon_clean$height[colon_clean$stage=="
```

```
IV"])

    Shapiro-Wilk normality test

data:  colon_clean$height[colon_clean$stage == "IV"]
W = 0.97757, p-value = 0.758
```

$p-$값이 0.3484, 0.819, 0.2674, 0.758로 모두 0.05 이상인 것을 확인할 수 있습니다. 이것을 우리는 '샤피로-윌크 검정에서는 $p-$값이 0.05보다 클 때 정규 분포를 한다.'라고 해석합니다. 병기별 환자 수를 살펴보는 명령어는 다음과 같습니다.

```
> table(colon_clean$stage)

  I  II III  IV
 59  94 113  30
```

병기별로 30명의 환자가 넘으니 각각의 표본 평균의 분포가 정규 분포를 따르는 게 어쩌면 당연하겠군요. 그래서 우리는 일반 적으로 30명이 넘으면 표본 평균의 분포는 정규 분포를 따른다고 가정합니다. 집단의 분포를 알 수 없을 때 그룹별로 30명 이상의 대상자를 모집하는 이유도 동일합니다. 하지만 간과하면 안되는 게 있죠. 제가 앞 장에서 각 그룹의 정규 분포가 중요한 게 아니라, 잔차(그룹 간 차이)의 분포가 정규 분포를 따르는지가 중요하다고 말씀드렸습니다. 잔차의 정규 분포는 아래 명령어로 알아봅니다. 두 그룹일 때는 lm() 함수를 썼는데, 이번에는 aov() 함수를 사용하는 게 차이점입니다.

```
> out = aov(height~stage, data=colon_clean)
> shapiro.test(resid(out))


    Shapiro-Wilk normality test


data:  resid(out)
W = 0.99132, p-value = 0.07844
```

결과의 해석은 $p-$값이 '0.05보다 크다면 정규 분포를 따른다.' 입니다. 0.07844로 넉넉하진 못하지만, 정규 분포를 가정할 수준은 되는군요. 52쪽의 순서도를 따라 내려가 보도록 하겠습니다. 정규 분포를 하니까 이번에는 등분산인지를 확인해야겠군요. 등분산을 확인하는 명령어는 다음과 같습니다.

```
> bartlett.test(height~stage, data=colon_clean) # p-값이
0.05보다 크다면 등분산
```

```
    Bartlett test of homogeneity of variances

data:  height by stage
Bartlett's K-squared = 2.4437, df = 3, p-value = 0.4856
```

해석은 p-값이 '0.05보다 크다면 등분산을 만족한다.'라고 읽으시면 됩니다. 신장은 연속형 변수고 정규 분포를 따르며, 등분산도 만족하니 ANOVA로 각 그룹의 평균을 비교하면 되겠군요.

분산 분석(ANOVA)을 통한 그룹 간의 평균 비교

이름도 유명한 ANOVA를 이용하는 방법은 의외로 간단합니다. 눈치 빠른 분들은 이미 알아채셨을 텐데요. 정규 분포를 확인하기 위해 out이라는 변수에 담아 두었던 값을 그대로 summary() 함수에 담기만 하면 됩니다.

```
> out = aov(height~stage, data=colon_clean)
> summary(out) # p < 0.05이면 그룹 간의 평균이 서로 다르다.
            Df  Sum Sq  Mean Sq  F value  Pr(>F)
stage        3      64    21.41    0.246   0.864
Residuals  292   25371    86.89
```

$p-$값이 0.864가 나왔네요. 우리가 통상적으로 차이가 있다는 가설을 검정하기 위해서는 $p-$값이 0.05보다 작아야 했죠. 여기서는 0.864로, 즉 귀무 가설이 참일 때 지금 나타난 집단 간 차이보다 차이가 더 많이 날 확률이 86.4퍼센트나 된다는 겁니다. 그룹 간의 차이는 없다고 보는 게 옳겠죠?

크루스컬-왈리스 H 검정을 이용한 그룹 간의 평균 비교

이번 예제 데이터에서는 ANOVA를 썼지만, ① 결괏값이 연속형 변수가 아니거나 ② 연속형 변수였지만 정규 분포를 하지 않는다면 크루스컬－왈리스 H 검정(Kruskal－Wallis H Test)으로 분포의 중심을 비교해야 합니다. 하는 방법은 아래와 같습니다.

```
> kruskal.test(height~stage, data=colon_clean)  # p <
0.05이면 그룹 간의 평균이 서로 같지 않다.


    Kruskal-Wallis rank sum test

data:  height by stage
Kruskal-Wallis chi-squared = 0.55222, df = 3, p-value =
0.9073
```

해석은 ANOVA와 동일합니다.

웰치의 ANOVA를 이용한 그룹 간의 평균 비교

결괏값이 연속형 변수였고 정규 분포는 했으나, 등분산을 만족하지 않는 경우에는 웰치의 ANOVA를 이용하게 됩니다. 방법은 아래와 같습니다.

```
> oneway.test(height~stage, data=colon_clean, var.equal =
FALSE) # p < 0.05이면 그룹 간의 평균이 서로 같지 않다.

    One-way analysis of means (not assuming equal
variances)

data:  height and stage
F = 0.26117, num df = 3.00, denom df = 104.79, p-value =
0.8532
```

명령어 안에 var.equal = FALSE라는 옵션을 지정해 준 것을 볼 수 있습니다. var.equal은 등분산을 만족하는지에 따라, TRUE(등분산 만족) 또는 FALSE(등분산 만족하지 않음)를 지정할 수 있습니다.

이렇게 여러 그룹의 평균을 비교하는 방법을 알아봤습니다.

보통 다른 통계 책에서는 세 그룹의 평균을 비교하는 방법을 보여 드리는데, 세 그룹 이상, 즉 네 그룹이나 다섯 그룹의 평균 비교도 동일하다는 점을 보여 드리기 위해 저는 네 그룹으로 구성된 예제 데이터를 활용했습니다. 하지만 여기서 끝이 아니죠. 여러 그룹의 평균이 차이가 나는지는 알아봤지만, 만약 차이가 난다면 어떤 그룹과 어떤 그룹이 차이가 나서 그런 결과가 나왔는지는 아직 알아보지 않았으니까요. 다음 강의에서는 바로 그 부분을 알아보 도록 하겠습니다.

4강에서 우리는 세 그룹 이상의 평균이 차이가 있는지 없는지를 검정하는 방법까지 알아봤습니다. 하지만 평균이 차이가 있다고 확인되었을 때, 어떤 그룹과 어떤 그룹의 평균이 차이가 있어서 그런 결과가 나왔는지는 알아보지 못했죠. 이번 장에서는 그룹 간의 차이는 어떻게 비교해야 하는지 살펴보겠습니다. 이 과정을 사후 검정(multiple comparison)이라고 합니다. 한글 이름만 들어서는 조금 섬뜩(?)하지만 내용은 무서울 게 없습니다. 바로 시작해 보죠.

분산 분석 후 사후 검정

사후 검정 또한 데이터의 상황에 따라 세 가지 방법으로 나누어 분석하게 됩니다. 4강에서 결괏값이 연속형 변수이고 정규 분포를 하며, 등분산을 만족했다면 ANOVA를 이용해서 그룹들의 평균을 비교했죠. 이번에 알아보는 사후 검정법은 ANOVA에서 평균의 차이가 있다는 결과를 얻었을 때 적용하는 방법입니다. 연속해서 진행하는 실습인 만큼, 사용하는 데이터 세트도 앞 장에서 만들어 놓은 colon_clean 데이터를 그대로 사용하도록 하겠습니다. ANOVA의 사후 검정 방법은 생각보다 간단합니다. 4강에서는 aov() 함수를 이용해서 얻은 값을 out이라는 변수에 담은 다음 summary() 함수에 out을 넣어서 $p-$값을 얻었죠. 그때 썼던 out을 이번에는 TukeyHSD() 함수에 넣기만 하면 됩니다. 참 쉽죠?

> # 아래 코드 중 첫 세 줄은 4강에서 실습했던 내용입니다. 이 장부터 읽기 시작하신 분은 4강을 읽으시면 세 줄에 대한 자세한 설명을 보실 수 있습니다.

```
> colon300 <- read.csv(file = "colon300.csv", header = TRUE)
> colon_clean <- na.omit(colon300)
> out = aov(height~stage, data=colon_clean)
> TukeyHSD(out)
  Tukey multiple comparisons of means
    95% family-wise confidence level

Fit: aov(formula = height ~ stage, data = colon_clean)

$stage
           diff        lwr       upr      p adj
II-I  -0.8655427  -4.865944  3.134858  0.9440182
```

III-I	-0.2979001	-4.166437	3.570637	0.9972055
IV-I	0.6825424	-4.718233	6.083318	0.9879554
III-II	0.5676426	-2.794605	3.929891	0.9721699
IV-II	1.5480851	-3.502411	6.598581	0.8580493
IV-III	0.9804425	-3.966261	5.927146	0.9561589

결과를 보면, 각 그룹 간의 비교 결과가 일목요연하게 정리된 것을 확인할 수 있습니다. 4강에서 그래프로 보셨던 것처럼 대장암 병기에 따른 신장의 차이가 없어 보였던 결과가 $p-$값으로 확인되었습니다. $p-$값들이 모두 0.05를 훌쩍 넘어서 0.9 근처에 포진해 있네요.

크루스컬-왈리스 H 검정 후 사후 검정

결괏값이 연속형 변수가 아니거나, 연속형 변수이지만 정규 분포를 하지 않는 경우에 우리는 크루스컬-왈리스 H 검정을 이용해서 분포의 중심을 비교했죠. 조금 유식하게 통계적으로 표현하면 비모수 검정을 하는 경우인데요. 이때는 다음과 같은 방법으로 사후 검정을 하게 됩니다. 먼저 nparcomp라는 이름의 패키지를 설치하도록 합니다. 이 패키지를 설치하는 이유는 이 패키지(패키지는 프로그램이라고 생각하시면 이해가 쉽습니다.) 안에 비모수 사후 검정을 깔끔하게 처리하는 mctp() 함수(함수는 프로그램 안에 있는 기능이라고 생각하세요.)가 들어 있기 때문입니다.

　다음 쪽 명령어의 첫 번째 줄 (install.packages("nparcomp"))은 nparcomp 패키지를 설치하라는 명령어입니다. 명령어 맨 앞에 '#'을 붙여 놓은 이유는 이 명령어는 저의 컴퓨터에서 딱 한 번만 실행하면 되기 때문입니다. 마치 컴퓨터에 포토샵을 한 번 설치했다면, 이후에는 사용할 때마다 설치할 필요가 없는 것처럼요. 전체 코드를 실행할 때마다 설치를 반복하면 시간과 소중한 인터넷 자원이 낭비되죠. 이를 막기 위해 저는 패키지를 한 번 설치하고 나면, 코드의 맨 앞에 '#'을 붙여서 주석(comment) 처리를 합니다. 이 줄을 지우지 않고 주석 처리를 하는 건, 간혹 코드를 다른 컴퓨터로 옮겨서 작업할 경우 패키지를 새로 설치해 주어야 하는데, 패키지 이름을 잊지 않기 위해서 입니다. 패키지 설치 없이 코드를 실행시키면 어떤 패키지가 설치되지 않았다는 오류 메세지가 빨간색으로 뜨면서 사람을 심란하게 합니다. 그때 '#'을 하나씩 지워 가면서(uncomment) 패키지를 설치하면 됩니다.

　주석 처리란 모든 프로그래밍 언어에 존재하는 '사람'을 위한 기능입니다. 코드 안에 컴퓨터 모르게 낙서를 하기 위한 거죠. 컴퓨터 모르게 쓸 수 있어야 컴퓨터 욕도 편하게 할 수 있고(농담입니다.) 나만의 비밀 이야기도 쓸 수 있으니까요. 개발자들은 코드를 공유할 때 자신이 작성한 코드가 어떤 기능을 구현하는지 서로 흔적을 남기기 위해 주석 기능을 활용합니다. 프로그래밍 언어별로 주석 처리의 문법은 모두 다르며, R에서는 명령어의 맨 앞에 '#'을 붙이는 방식을 이용합니다.

> ############## 사후 검정을 위한 방법 (정규 분포마저
하지 않을 때) ####
> *#install.packages("nparcomp")*
> library(nparcomp)
Loading required package: multcomp
Loading required package: mvtnorm
Loading required package: survival
Loading required package: TH.data
Loading required package: MASS

Attaching package: 'TH.data'
The following object is masked from 'package:MASS':

    geyser
> result = mctp(height~stage, data=colon_clean)

 #--Nonparametric Multiple Comparisons for relative effects--#

 - Alternative Hypothesis: True differences of relative
effects are less or equal than 0

```
 - Estimation Method:  Global Pseudo Ranks

 - Type of Contrast : Tukey

 - Confidence Level: 95 %

 - Method = Fisher with 46 DF



#-----------------------------------------------------------#


> summary(result)


 #--Nonparametric Multiple Comparisons for relative effects--#


 - Alternative Hypothesis:  True differences of relative
effects are less or equal than 0
 - Estimation Method: Global Pseudo ranks

 - Type of Contrast : Tukey

 - Confidence Level: 95 %

 - Method = Fisher with 46 DF



#-----------------------------------------------------------#



#----Data Info-----------------------------------------------#
     Sample   Size      Effect      Lower      Upper
```

```
I       I       59      0.5048059      0.4483667      0.5611230

II      II      94      0.4787173      0.4327101      0.5250884

III     III     113     0.4998526      0.4550831      0.5446245

IV      IV      30      0.5166241      0.4478221      0.5848016



#----Contrast----------------------------------------------------#

            I  II  III  IV

II - I     -1   1    0   0

III - I    -1   0    1   0

IV - I     -1   0    0   1

III - II    0  -1    1   0

IV - II     0  -1    0   1

IV - III    0   0   -1   1



#----Analys is---------------------------------------------------#

          Estimator  Lower  Upper    Statistic    p.Value

II - I     -0.026 -0.157  0.105       -0.524      0.9515572

III - I    -0.005 -0.133  0.123       -0.102      0.9996058

IV - I      0.012 -0.162  0.185        0.179      0.9978750

III - II    0.021 -0.083  0.125        0.535      0.9487335

IV - II     0.038 -0.121  0.195        0.630      0.9196143

IV - III    0.017 -0.140  0.172        0.282      0.9917825
```

```
#----Overa ll---------------------------------------------#
 Quantile    p.Value
1 2.648871  0.9196143
```

결과를 보면, 그룹 개별 조합에 따른 분포의 중심 비교에 대
한 $p-$값을 확인할 수 있습니다.

웰치의 ANOVA 후 사후 검정

마지막으로 정규 분포를 했지만, 등분산을 하지 않는 경우가 있
었죠. 이럴 때는 웰치의 ANOVA를 이용해서 평균을 비교했습
니다. 이 경우에는 이번에 알려 드리는 방법을 이용해야 합니다.
좀 더 간단한 방법이 있으면 좋을 텐데, 이번 방법은 조금 복잡합
니다. 여러분은 처음으로 4쪽이 넘어가는 함수 정의를 보시게 되
었네요. 이 함수도 패키지로 포장해서 누군가 배포해 주었다면
install.packages() 함수를 이용해서 간단하게 설치하고 이용할
수 있었을 텐데 아쉽습니다. (나중에 여러분께서 R 고수가 되시면 패
키지로 배포해 보시는 건 어떨까요?) 하지만 "넘어진 김에 쉬어 간다."
라고, 이번에는 재야의 고수님들이 작성해 놓은 멋진 코드를 활용
하는 방법을 살펴보도록 하겠습니다. 프로그래밍을 가르칠 때 제
가 가장 먼저 강조하는 것이 있습니다. 코드를 처음부터 모두 이

해하려고 노력하지 말라는 겁니다. 처음부터 모든 코드를 이해하려고 노력하다 보면, 나무만 세다 숲을 보지 못하는 상황에 처할 수 있습니다. 일단 잘 짜여 여러 사람에게 활용되는 코드는 그 활용법만 익혔다면 부끄러워 마시고 잘 활용하시면 됩니다. 아래 함수를 가지고 귀인께서 작성해서 나눠 주신 코드를 내 것처럼 쓰는 법을 따라 해 보겠습니다. 이때 조심해야 할 점은 함수를 실행시킬 때 한 줄씩 실행시키면 안 된다는 겁니다. 전체 함수 코드를 한꺼번에 블록(block)으로 설정한 뒤에 실행시키세요. 실행 단축키는 윈도우에서는 ctrl + return(또는 enter), 맥 OS에서는 cmd + return(또는 enter) 키 조합을 누르시면 됩니다.

간혹 인터넷이나 다른 책에서 함수를 찾다 보면 코드의 매 줄마다 '+' 표시가 붙어 있는 것을 볼 수가 있습니다. 저는 처음에 코드를 얻어서 사용할 때 '+' 표시까지 그대로 옮겨 쓰는 실수를 했습니다. '+' 표시는 함수 안에서 윗줄과 해당 줄이 서로 연결된 코드라는 의미이며, 코드를 복사하고 옮기는 과정에서 자동으로 추가되는 태그입니다. 그러니 우리가 다시 옮겨 쓸 때는 '+'는 제외하고 옮겨 써야 실행이 제대로 됩니다. 코딩 초보들이 많이 하는 실수이니, 여러분은 하지 마세요.

```
> ### 사후 검정을 위한 방법 (정규 분포하고 등분산은 하지 않을 때)###
> games.howell <- function(grp, obs) {
    #Create combinations
```

```r
  combs <- combn(unique(grp), 2)

  # Statistics that will be used throughout the calculations:

  # n = sample size of each group

  # groups = number of groups in data

  # Mean = means of each group sample

  # std = variance of each group sample

  n <- tapply(obs, grp, length)

  groups <- length(tapply(obs, grp, length))

  Mean <- tapply(obs, grp, mean)

  std <- tapply(obs, grp, var)

  statistics <- lapply(1:ncol(combs), function(x) {

    mean.diff <- Mean[combs[2,x]] - Mean[combs[1,x]]


    #t-values

    t <- abs(Mean[combs[1,x]] - Mean[combs[2,x]]) / sqrt((std[combs[1,x]] /
n[combs[1,x]]) + (std[combs[2,x]] / n[combs[2,x]]))


    # Degrees of Freedom

    df <- (std[combs[1,x]] / n[combs[1,x]] + std[combs[2,x]] /
n[combs[2,x]])^2 / # Numerator Degrees of Freedom

      ((std[combs[1,x]] / n[combs[1,x]])^2 / (n[combs[1,x]] - 1) + # Part 1
of Denominator Degrees of Freedom
```

```
             (std[combs[2,x]] / n[combs[2,x]])^2 / (n[combs[2,x]] - 1)) # Part
2 of Denominator Degrees of Freedom


    #p-values
    p <- ptukey(t * sqrt(2), groups, df, lower.tail = FALSE)


    # Sigma standard error
    se <- sqrt(0.5 * (std[combs[1,x]] / n[combs[1,x]] + std[combs[2,x]] /
n[combs[2,x]]))


    # Upper Confidence Limit
    upper.conf <- lapply(1:ncol(combs), function(x) {
      mean.diff + qtukey(p = 0.95, nmeans = groups, df = df) * se
    })[[1]]


    # Lower Confidence Limit
    lower.conf <- lapply(1:ncol(combs), function(x) {
      mean.diff - qtukey(p = 0.95, nmeans = groups, df = df) * se
    })[[1]]


    Group Combinations
    grp.comb <- paste(combs[1,x], ':', combs[2,x])
```

```
    # Collect all statistics into list

    stats <- list(grp.comb, mean.diff, se, t, df, p, upper.conf,
lower.conf)

    })


    # Unlist statistics collected earlier

    stats.unlisted <- lapply(statistics, function(x) {

      unlist(x)

    })


    # Create dataframe from flattened list

    results <- data.frame(matrix(unlist(stats.unlisted), nrow =
length(stats.unlisted), byrow=TRUE))


    # Select columns set as factors that should be numeric and change
with as.numeric

    results[c(2, 3:ncol(results))] <- round(as.numeric(as.matrix(results
[c(2, 3:ncol(results))])), digits = 3)


    # Rename data frame columns

    colnames(results) <- c('groups', 'Mean Difference', 'Standard Error',
```

```
't', 'df', 'p', 'upper limit', 'lower limit')

   return(results)

}

>

> ##### 이 줄 바로 위까지의 코드가 하나의 함수입니다.

> ##### 그리고 바로 아래에 이어지는 코드는 위 함수를 이용해서 그룹 간의
평균을 개별 비교하는 사후 검정입니다.

>

> games.howell(colon_clean$stage, colon_clean$height)
```

	groups	Mean Difference	Standard Error	t	df	p	upper limit
1	III : I	0.298	1.135	0.186	109.390	0.998	4.487
2	III : II	-0.568	0.886	0.453	203.396	0.969	2.679
3	III : IV	0.980	1.338	0.518	46.737	0.954	6.021
4	I : II	-0.866	1.134	0.540	107.024	0.949	3.320
5	I : IV	0.683	1.513	0.319	64.787	0.989	6.326
6	II : IV	1.548	1.337	0.819	46.390	0.845	6.585

	lower limit
1	-3.891
2	-3.814
3	-4.060
4	-5.051
5	-4.961
6	-3.489

> #출처: Ruxton, G.D., and Beauchamp, G. (2008) 'Time for some a priori
thinking about post hoc testing', Behavioral Ecology, 19(3), pp. 690-693.

doi: 10.1093/beheco/arn020. In-text citations: (Ruxton and Beauchamp, 2008)

결과를 살펴보시면, 그룹의 짝마다 평균의 차이와 각각에 대한 $p-$값이 출력된 것을 확인할 수 있습니다. 좀 더 자세히 보면 평균 차이에 대한 95퍼센트 신뢰 구간의 상한값과 하한값도 확인할 수 있고요.

지금까지 여러 그룹의 평균을 비교하는 방법에 대한 모든 것을 알아봤습니다. 이제 여러분은 어떤 상황에서도 자신 있게 평균을 비교할 수 있습니다. 만약, 이번 장에서의 설명이 글만 읽고 따라하기에는 어려움이 있다면, 제가 유튜브 채널에 올려놓은 영상을 함께 보시기 바랍니다. (https://youtu.be/xwAxEJrGFu8) 틀림없이 여러분도 평균 비교의 달인이 되실 겁니다.

6강 그룹 간의 비율을 비교하기

그룹 간 평균을 비교하는 연구를 마스터했다면, 이제는 그룹 간의 비율을 비교해 볼 차례입니다. 그룹 간의 비율이라는 것은 아래처럼 데이터를 2×2 표(때로는 2×3이나, 3×2가 될 수도 있겠죠.)로 그릴 수 있는 자료로 분석함을 의미합니다. 이런 비율의 비교도 딱 세 가지 분석법만 익히면 충분합니다. 스튜던트 t−검정이나 ANOVA만큼은 아니어도 알 만한 사람은 아는 카이 제곱 검정(Chi square test)이 대표 선수고요. 피셔의 정확한 검정(Fisher's exact test, 얼마나 자신 있으면 자신의 이름 뒤에 정확한 검정이라는 이름을 붙였을까요?)과 이에 더해 코크런−아미티지 서열 검정(Cochran−Armitage trend test)까지 공부하면 비율 비교가 끝납니다. 바로 시작해 보도록 하죠.

	숙취(+)	숙취(-)
음주(+)	30	70
음주(-)	4	96

분석 방법을 선택하는 요령

여기서 통계 초보자들을 아주 헷갈리게 하는 부분이 있습니다. 책마다 피셔의 정확한 검정을 선택하는 기준이 다르기 때문인데요. 어떤 책에는 전체 셀(cell) 중 20퍼센트 이상이 기대 도수(expected frequency)가 5 이하이면 피셔의 정확한 검정을 써야 한다고 하고요. 또 어떤 책에는 기대 도수라는 단어 없이 그냥 5 이하라거나, 10을 기준으로 삼기도 하죠. 통계에 자신이 없는 분들에게는 이 애매한 적용 기준이 가장 넘기 힘든 벽이 됩니다. 저는 고민이 되는 상황이라면 그냥 마음 편하게 피셔의 정확한 검정을 이용하시길 권합니다. 피셔의 정확한 검정은 수가 크든 작든 어떤 경우에도 문제가 되지 않으니까요. 간혹 어떤 책은 피셔의 정확한 검정이 2×2 표에서만 적용이 가능하다고 기술하기도 하는데요. 그건 컴퓨터가 발달하기 전에 손으로 계산해서는 3×2나 2×3 등

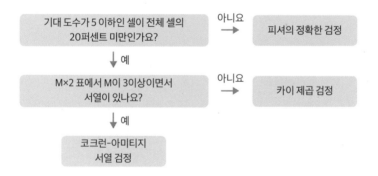

의 표를 분석하기가 어려웠기 때문입니다. 이제는 컴퓨터가 좋아져서 얼마든지 계산이 가능하고, 많은 통계 프로그램이 M×N(M or N >2) 표에서 피셔의 정확한 검정을 지원하니 마음 편하게 이용하시기 바랍니다.

물론 각 셀의 숫자가 넉넉하게 큰 경우라면 카이 제곱 검정을 이용하시면 됩니다. 이때 평균을 비교하기 전에 정규 분포의 유무를 확인했던 것처럼 카이 제곱의 분포를 따르는지 확인하고 진행하는 게 정석입니다. 그렇지만 어떤 책에서도 카이 제곱 전에 카이 제곱 분포를 검정하지는 않죠. 이는 각 셀의 숫자가 얼추 10만 넘으면(가끔은 5만 넘어도) 카이 제곱 분포를 따르기 때문에 관행적으로 확인하지 않아도 문제 삼지 않기 때문입니다. 실제로 카이 제곱 검정을 만든 통계학자 칼 피어슨(Karl Pearson)은 워낙 큰 기관에서 엄청난 연구비를 가지고 연구하시던 분이라 카이 제곱 분포를 따르지 않는 연구를 할 기회가 없었다는 남부러운 이야기도 있지요. 개인적으로는 몇 해 전만 해도 카이 제곱 검정보다 피셔의 정확한 검정을 더 자주 이용했는데요. 최근 상황이 바뀌고 있습니다. 보건 의료 빅 데이터가 매력적인 연구 소재로 떠오르면서 셀 값이 10 이하인 경우가 드물어지고 있는 거지요. 그래서 요즘 들어서는 다시 카이 제곱 검정의 사용 빈도가 증가하네요. 분석 방법을 무엇 하나 허투루 다룰 수가 없는 이유입니다. 여러분이 두 가지 분석 방법에 모두 익숙해져야 하는 이유이기도 하고요.

코크런-아미티지 검정

집단의 비율 비교에서 피셔의 정확한 검정과 카이 제곱 검정, 두 가지 방법만 소개하는 책도 많지만, 여기에 더해 코크런－아미티지 검정까지 알아 두시면 금상첨화입니다. 아래와 같은 데이터가 있다고 가정해 보겠습니다.

	선호	비선호
블랙	30	70
골드	20	80
블루	10	90

사람들이 특정 색상을 선호/비선호하는 비율을 정리한 표입니다. 이런 경우라면 카이 제곱 검정을 통해 분석하는 게 맞습니다. 하지만 다음 쪽과 같은 데이터라면 어떨까요? 애주가라면 아시겠지만, 위스키에서 블랙과 골드, 블루 라벨의 의미는 단순한 색상 차이가 아니죠. 블랙보다는 골드가, 골드보다는 블루 라벨이 위스키의 숙성 기간도 길고 가격도 높음을 의미합니다. 서열(trend)이 반영된 서열 변수인 거지요. 이런 경우라면 단순히 카이 제곱 검정을 가지고 분석하는 것보다 코크런－아미티지 서열 검정으로 분석하는 편이 의미 있는 결과를 더 잘 찾아냅니다.

	숙취(+)	숙취(-)
블랙 라벨	30	70
골드 라벨	20	80
블루 라벨	10	90

카이 제곱 검정

지금부터 각각의 분석법을 R에서 실습해 보도록 하겠습니다. 이번에 이용할 예제 데이터는 alcohol_headache.csv 파일입니다.

```
> alcohol_headache <- read.csv(file =
"./alcohol_headache.csv", header = TRUE)
> str(alcohol_headache)
'data.frame':   200 obs. of  3 variables:
 $ id      : int  1 2 3 4 5 6 7 8 9 10 ...
 $ alcohol : int  0 0 1 0 0 1 1 1 1 1 ...
 $ headache: int  0 0 0 0 1 0 0 1 0 0 ...
> head(alcohol_headache)
  id alcohol headache
1 1       0        0
2 2       0        0
```

```
3  3      1        0
4  4      0        0
5  5      0        1
6  6      1        0
```

첫 명령어 세 줄을 실행시키면 안에 어떤 데이터가 담겨 있는지 대략적으로 살펴보실 수 있습니다. id는 실험 참가자들의 고유 번호이고요. alcohol은 음주 여부이고, headache은 숙취 유무입니다. 제가 애주가다 보니, 평소 워크숍에서 자주 사용했던 '음주에 따른 숙취 유무' 예제입니다. 전일 음주 경험이 없는 분들은 음주 여부 열의 값이 '0'으로, 술을 마신 실험 대상자는 '1'로 표기되어 있고, 숙취(두통)가 없는 분들은 숙취 유무 열의 값이 '0'으로, 숙취가 있는 분들은 '1'로 표기되어 있습니다. 이제 해당 데이터 세트를 가지고 2×2 표를 만들어 보도록 하겠습니다. 표를 만드는 함수는 table()입니다.

```
> table(alcohol_headache$alc,alcohol_headache$head)


    0  1
 0 96  4
 1 70 30
> result <- table(alcohol_headache$alc,alcohol_headache$h
```

```
ead)
> result

    0  1
 0 96  4
 1 70 30
```

아주 쉽죠? 이 표를 여기저기 가지고 다니면서 쓰려면 변수 하나를 만들어서 그 안에 담아 두면 편합니다. 두 번째 줄 명령어는 첫 번째 줄에서 만든 표를 result라는 변수를 만들어서 그 안에 담는 과정을 보여 줍니다. 이렇게 담고 나면, 그 뒤로는 result라는 이름만으로 표를 불러올 수 있습니다. 그런데 막상 0과 1로 행과 열의 이름이 적혀 있으니, 표만 가지고는 의미를 알 수가 없죠. 그래서 이번에는 0과 1을 문자열로 바꿔 보도록 하겠습니다. 숫자를 문자열로 바꾸는 방법에는 크게 두 가지가 있습니다. 하나는 ifelse() 함수를 이용하는 거고요. 두 번째는 factor() 함수를 이용하는 겁니다.

> 변수 〈— ifelse(공식, "문자열1", "문자열2")

ifelse() 함수는 위와 같이 3개의 인자(공식, 문자열1, 문자열2)를 받아서 구동되는데요. 공식의 값이 '참'이면 변수에 '문자열1'을 담고, '거짓'이면 '문자열2'를 변수에 담아 줍니다.

```
> alcohol_headache$alc = ifelse(alcohol_headache$alcoh
ol==0, "non-drinking","drinking")
> table(alcohol_headache$alc, alcohol_headache$headache)


               0  1
  drinking     70 30
  non-drinking 96  4
```

　　결과를 보시면 어떤 0과 1이 'non-drinking'과 'drinking'으로 바뀐 것을 확인할 수 있습니다. 하지만 음주 유무 여부가 아닌 3개나 4개 또는 그 이상의 등급으로 변수가 세분된다면 ifelse() 함수 하나로는 해결이 되지 않겠죠. 이럴 때는 factor() 함수가 더 요긴합니다.

새로운 변수 ← factor(바꾸고 싶은 변수, labels=c("문자열1","문자열2",…"문자열n"))

　　위 형식으로 입력하시면 '바꾸고 싶은 변수'가 숫자라면 작은 수부터 큰 순으로, '바꾸고 싶은 변수'가 알파벳이라면 a부터 z 순서에 맞춰 labels=c() 안에 명시된 '문자 열'의 순서에 따라 이름

을 바꿔 줍니다. 바로 실습해 보죠.

```
> alcohol_headache$head = factor(alcohol_headache$headac
he, labels=c("non-headache","headache"))
> result_alcohol <- table(alcohol_headache$alc,
alcohol_headache$head)
> result_alcohol
```

	non-headache	headache
drinking	70	30
non-drinking	96	4

　　이제는 작업한 사람뿐만 아니라 누가 봐도 의미를 파악할 수 있는 표가 완성되었습니다. 이번에는 표의 각 끝에 총합을 계산해서 붙여 보도록 하겠습니다. 이번에 사용할 함수는 addmargins() 입니다.

```
> result_alcohol <- addmargins(result_alcohol)
> result_alcohol
```

	non-headache	headache	Sum
drinking	70	30	100

non-drinking	96	4	100
Sum	166	34	200

결과를 보시면, 행과 열의 끝에 총합이 계산되어 추가된 모습을 확인할 수 있습니다.

피셔의 정확한 검정

지금 우리가 실습 중인 표는 어떤 분석법을 이용해서 비율을 비교해야 할까요? 2×2 표이면서 셀 중에 10보다 작은 4가 포함된 셀이 있으니, 피셔의 정확한 검정을 활용해야 하겠네요. 피셔의 정확한 검정을 시행하는 방법은 서론에 비해 대단히 간단합니다. fisher.test() 함수 안에 표만 넣어 주면 되거든요.

```
> fisher.test(result_alcohol)

	Fisher's Exact Test for Count Data

data:  result_alcohol
p-value = 3.301e-05
alternative hypothesis: two.sided
```

$p-$값이 3.301×10^{-5}으로 매우 작게 나왔네요. 전날 음주를 한 그룹의 숙취 비율이 대조군(술을 마시지 않은 그룹)의 숙취 비율과 통계적으로 의미 있는 차이를 보인다는 결론을 얻었군요.

카이 제곱 검정

만약 모든 셀의 값이 10보다 컸다면 카이 제곱 검정을 이용했어야 하겠죠. 카이 제곱 검정도 피셔의 정확한 검정만큼이나 쉽습니다. chisq.test() 함수 안에 표만 던져 넣으면 되거든요.

```
> chisq.test(result_alcohol)

    Pearson's Chi-squared test

data:  result_alcohol
X-squared = 23.955, df = 4, p-value = 8.156e-05
```

피셔의 정확한 검정보다는 $p-$값이 크지만, 8.156×10^{-5}으로 충분히 작은 값이 나왔군요. 해석은 피셔의 정확한 검정 때와 동일합니다.

코크런–아미티지 (서열) 검정

마지막으로 하나만 더 배워 보도록 하겠습니다. 표에서 행 또는 열이 셋 이상이면서 서열이 존재할 때 이용하는 분석법입니다. 예제 데이터를 먼저 불러오도록 하죠.

```
> color_headache <- read.csv(file = "./color_headache.csv",
header = TRUE)
> str(color_headache)
'data.frame':   300 obs. of  3 variables:
 $ id      : int  1 2 3 4 5 6 7 8 9 10 ...
 $ color   : Factor w/ 3 levels "black","blue",..: 1 2 3 1
3 3 1 1 1 3 ...
 $ headache: int  0 0 0 0 0 0 0 0 0 1 ...
> head(color_headache)
  id color headache
1  1 black        0
2  2  blue        0
3  3  gold        0
4  4 black        0
5  5  gold        0
6  6  gold        0
```

color에는 위스키의 등급이 들어 있고, 숙취 유무 열의 0, 1은 다른 표와 같은 의미입니다. 먼저 앞서와 동일하게 숙취 유무 열의 0과 1부터 문자열로 바꿔 보겠습니다.

```
> table(color_headache$headache,color_headache$color)

    black blue gold
 0     70   90   80
 1     30   10   20
> color_headache$head <- factor(color_headache$headache,
labels=c("Non-headache","headache"))
> table(color_headache$head,color_headache$color)

               black blue gold
 Non-headache      7    9   80
 headache         30   10   20
```

여기까지는 쉽게 되었는데요. 뭔가 아쉬운 부분이 보이는데 여러분도 찾으셨나요? 위스키의 등급이 높아지는 순서라면 블랙, 골드, 블루 라벨 순이어야 하는데, 컴퓨터가 별생각 없이 알파벳 순서대로 블랙 다음에 블루, 골드 순으로 표를 만들었네요. 서열에 맞게 순서를 바꿔 보도록 하겠습니다. 이번에도 마찬가지로

factor() 함수를 사용하는데요. 한 가지 차이라면 앞에서는 함수 안에 labels 옵션을 썼다면, 이번에는 levels 옵션을 이용한다는 점입니다. levels 옵션을 이용해서 문자열에 서열을 직접 컴퓨터에 지정해 주는 거지요. 아래처럼 말입니다.

```
> color_headache$color <- factor(color_headache$color, le
vels=c("black","gold","blue"))
> result_color <- table(color_headache$head,color_headache
$color)
> result_color


            black gold blue
 Non-headache    70   80   90
 headache        30   20   10
```

이제 제대로 되었네요. 이 표를 가지고 코크런−아미티지 검정을 해 보도록 하겠습니다. 이 테스트를 도와주는 함수는 DescTools라는 패키지에 CochranArmitageTest()라는 이름으로 들어 있습니다. 먼저 패키지를 설치하도록 하겠습니다.

```
> install.packages("DescTools")
> library(DescTools)
```

그러면 바로 실행해 보도록 하죠.

```
> CochranArmitageTest(result_color)

    Cochran-Armitage test for trend

data:  result_color
Z = 3.5355, dim = 3, p-value = 0.000407
alternative hypothesis: two.sided
```

결과는 $p-$값이 0.000407로 0.05보다 작아서 위스키가 비쌀수록 숙취가 덜하다는 결론을 얻었군요. 물론, 이 결과는 제가 임의로 만든 데이터인 관계로 절대적인 사실과는 무관함을 말씀드립니다.

그런데 진짜 마지막으로 하나만 더 가르쳐 드리고 싶군요. 3×2 표가 아니라, 2×3 표인 경우를 만나면 틀림없이 당황하실 것 같아서입니다. 먼저 3×2 표를 2×3 표로 변환하는 방법부터 알려 드리겠습니다. 그냥 알파벳 한 글자짜리 t() 함수를 떡 하니 쓰면 됩니다.

```
> result_color_trans <- t(result_color)
> result_color_trans
```

```
        Non-headache headache
black           70        30
gold            80        20
blue             9        10
> CochranArmitageTest(result_color_trans)


    Cochran-Armitage test for trend

data:  result_color_trans
Z = 3.5355, dim = 3, p-value = 0.000407
alternative hypothesis: two.sided
```

물론 결과는 동일하게 나왔군요. 2×3 표를 분석하나 3×2 표를 분석하나, 엎치나 뒤치나 매한가지인 경우이니 p-값이 동일한 게 당연하겠죠. 이제 여러분은 집단의 비율을 비교하기 위한 기본적인 소양을 모두 갖추셨습니다. 끝으로 세 그룹 이상의 비율을 분석한 경우에 여러 그룹의 평균을 비교한 이후 사후 검정을 했던 것처럼 비율 분석에서도 사후 검정을 위한 함수가 따로 있냐고 간혹 물으시는데요. 마땅히 요긴한 함수를 저도 아직 찾지 못했습니다. 그래서 개별 그룹마다 따로 표를 만들어 피셔의 정확한 검정이나 카이 제곱 검정을 여러 차례 돌리고 있죠. 이를테면 블랙과 골드 라벨, 골드와 블루 라벨, 블랙과 블루 라벨의 짝으로 2×2를 만들어서 개별적으로 $p-$값을 구하는 막노동을 하고 있다는 이야기입니다. 여기서 통계적 의미를 나누는 $p-$값의 기준은 0.05가 아니라 0.05/3의 값인 0.01666666라는 사실은 꼭 기억하시고요. ($p-$값을 조합의 수만큼으로 나누어서 개별 조합의 기준으로 삼는 건 카를로 에밀리오 본페로니(Carlo Emilio Bonferroni)가 제안한 방법으로, 다중 비교 수정(multiple comparison correction) 방법 중에서 가장 보수적이며 또한 가장 보편적으로 사용하는 방법입니다.)

모자이크 & 막대그래프 따라 하기

비율에 대한 데이터를 분석하고 $p-$값을 구하는 것 이상으로 데이터가 실제 내포한 의미를 그래프로 그려 내는 건 무척 중요합니다. 누군가 작성한 논문을 읽을 때 빼곡한 글보다 화려한 그림에 먼저 눈이 가지 않던가요? 직관적인 그림 한 장은 어떤 긴 설명보다도 설득력이 강하죠. 7강에서는 비율 데이터를 모자이크와 막대그래프(barplot)로 그리는 과정을 따라 하기 방식으로 함께 살펴보겠습니다.

예제 데이터 불러오기

이번 장에 사용할 예제는 6강에서 사용했던 '위스키의 종류에 따른 숙취 유무' 데이터입니다.

```
> color_headache <- read.csv(file = "./color_headache.csv",
header = TRUE)
> color_headache$head <- factor(color_headache$headache,
labels=c("No","Yes"))
> color_headache$color <- factor(color_headache$color, lev
```

```
els=c("black","gold","blue"))
> result <- table(color_headache$head,color_headache$col
or)
```

먼저 6강에서 했던 순서대로 color_headache.csv 파일을 불러오고, factor() 함수를 사용해서 '0'과 '1'로 표기된 숙취의 유무를 'Yes'와 'No'로 변환해 줍니다. 위스키의 종류는 factor() 함수에 levels 옵션을 활용해서 블랙, 골드, 블루 라벨 순서로 재배열했습니다. 마지막으로 table() 함수를 이용해서 만든 테이블을 result라는 변수에 담았습니다. (해당 과정에 대한 좀 더 자세한 설명은 7강에서 보실 수 있습니다.)

모자이크 그래프 그리기

이제 새로운 함수 하나를 추가로 배울 차례입니다. 바로 mosaicplot() 함수인데요. 위에서 표를 담아 놓은 변수 result를 그냥 해당 함수에 넣어 주기만 하면 끝입니다. 바로 다음 쪽과 같은 그래프를 그려 줍니다.

```
> ###### 모자이크 그래프 그리는 방법 ##############
> mosaicplot(result)
```

result

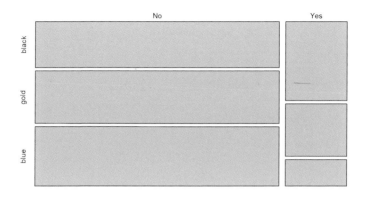

　　그런데 막상 그래프를 그리고 보니, 조금 밋밋한 느낌을 지울 수 없습니다. 예전에는 논문을 투고할 때 모두 흑백으로 제출해야 하던 시절도 있었습니다. 학회 발표는 컬러로 하고, 논문 투고용 그래프는 다시 흑백으로 수정하는 웃을 수도 울 수도 없는 상황이었는데요. 몇 해 전부터는 여러 학술지에서 예쁜 색으로 그래프를 그려 달라고 요청하기 시작했습니다. 자신이 없으면 자기네가 직접 컬러로 다시 그려 주겠다는 제안과 함께요. (물론 유료로.) 지금부터는 R을 활용해서 그래프에 예쁜 색을 골라 무료로 칠해 보도록 하겠습니다. 앞에서 사용했던 mosaicplot() 함수에 color 옵션을 활용해서 색을 지정해 주면 됩니다. 여기서는 'tan1'이라는 색과 'firebrick2'라는 색을 골라 봤습니다.

```
> mosaicplot(result, color=c("tan1","firebrick2"))
```

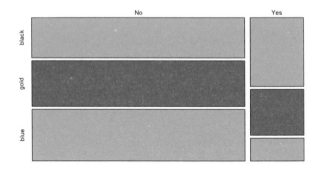

result

숙취 유무에 따라 두 가지 색을 입혔더니, 알록달록 예뻐졌네요. 그런데 아직 데이터의 의미가 직관적으로 보이지는 않습니다. 이럴 때는 표의 가로와 세로를 바꿔 보기를 권해 드립니다. 테이블의 가로와 세로를 뒤바꿔 주는 함수는 그 이름도 찬란한 알파벳 한 글자짜리 t() 함수입니다. t() 함수 안에 표를 담아 두었던 변수 result를 넣어 주세요.

```
> t(result)

      No Yes
black 70  30
```

```
gold  80  20
blue  90  10
```

　결과를 보시면 표의 가로와 세로가 바뀐 것을 확인할 수 있습니다. 이렇게 변환한 표를 다시 mosaicplot() 함수에 넣어 보도록 하겠습니다.

```
> mosaicplot(t(result), color=c("tan1","firebrick2"),
ylab="Headache", xlab="Whisky label", main ="Mosaic
Plot")
```

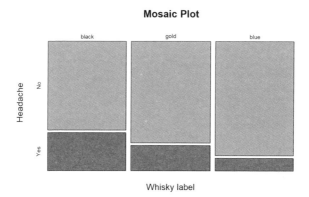

　어떤가요? 이번 그래프가 위스키의 등급에 따라 숙취의 비율이 어떻게 변하는지 훨씬 직관적으로 보여 줌을 알 수 있습니다.

여기에 더해 이번 코드에서는 ylab과 xlab 그리고 main이라는 옵션을 추가로 작성해 봤습니다. 결과를 함께 보시면 알 수 있는데요. ylab="headahce" 옵션은 y축의 단위로 숙취 여부를 달아 주는 기능입니다. xlab은 x축에 해당하고요. main="문자열" 옵션은 큰따옴표 안의 문자열을 그래프의 제목으로 달아 줍니다. 이렇듯 R 프로그램은 하나의 멋진 함수를 이용해서 '짠' 하고 한번에 그리는 것이 아닌, 옵션을 통해 덧칠하는 방식으로 그래프를 만들어 갑니다. 익숙해지고 난 이후에는 오히려 이런 방식이 그래프의 모든 구성 요소를 사용자가 마음먹은 대로 조절할 수 있게 도와주죠. 그래서 R 프로그램이 통계 시각화의 최강자로 불리는 것입니다.

그래프의 모양이 점점 풍성해짐을 느끼실 수 있을 텐데요. 이번에는 자신만의 그래프 색상을 고르는 방법을 알아보겠습니다. 윈도우 그림판이나 워드, 파워포인트 등의 프로그램을 보면 기본적인 색상 팔레트를 제공합니다. 초보자들도 쉽게 색상을 고를 수 있도록 돕는 건데요. 아쉽게도 R 프로그램에는 그렇게 친절한 팔레트가 없습니다. 하지만 그렇다고 색상이 적은 것은 아닙니다. colors() 함수를 실행시켜 보면 필요 이상(?)으로 많은 색상을 고를 수 있음을 알 수 있습니다. 하지만 팔레트가 아니고 색상 이름만 나열해 주니, 이름만으로는 정확히 어떤 색상인지 떠올리기 어렵죠. 이번에는 demo("colors")라는 명령어를 실행시켜 보세요.

```
> ###### RStudio에 있는 색상 열람표 ##########

> colors()

  [1] "white"            "aliceblue"         "antiquewhite"

  [4] "antiquewhite1"    "antiquewhite2"     "antiquewhite3"

  [7] "antiquewhite4"    "aquamarine"        "aquamarine1"

 [10] "aquamarine2"      "aquamarine3"       "aquamarine4"

 [13] "azure"            "azure1"            "azure2"

 [16] "azure3"           "azure4"            "beige"

 [19] "bisque"           "bisque1"           "bisque2"

 [22] "bisque3"          "bisque4"           "black"

 [25] "blanchedalmond"   "blue"              "blue1"

 [28] "blue2"            "blue3"             "blue4"

 [31] "blueviolet"       "brown"             "brown1"

 [34] "brown2"           "brown3"            "brown4"

 [37] "burlywood"        "burlywood1"        "burlywood2"

 [40] "burlywood3"       "burlywood4"        "cadetblue"

 [43] "cadetblue1"       "cadetblue2"        "cadetblue3"

 [46] "cadetblue4"       "chartreuse"        "chartreuse1"

 [49] "chartreuse2"      "chartreuse3"       "chartreuse4"

 [52] "chocolate"        "chocolate1"        "chocolate2"

 [55] "chocolate3"       "chocolate4"        "coral"

 [58] "coral1"           "coral2"            "coral3"
```

```
[61] "coral4"             "cornflowerblue"      "cornsilk"

[64] "cornsilk1"          "cornsilk2"           "cornsilk3"

[67] "cornsilk4"          "cyan"                "cyan1"

[70] "cyan2"              "cyan3"               "cyan4"

[73] "darkblue"           "darkcyan"            "darkgoldenrod"

[76] "darkgoldenrod1"     "darkgoldenrod2"      "darkgoldenrod3"

[79] "darkgoldenrod4"     "darkgray"            "darkgreen"

[82] "darkgrey"           "darkkhaki"           "darkmagenta"

[85] "darkolivegreen"     "darkolivegreen1"     "darkolivegreen2"

[88] "darkolivegreen3"    "darkolivegreen4"     "darkorange"
    ⋮
```

중략

```
    ⋮
[634] "tomato4"           "turquoise"           "turquoise1"

[637] "turquoise2"        "turquoise3"          "turquoise4"

[640] "violet"            "violetred"           "violetred1"

[643] "violetred2"        "violetred3"          "violetred4"

[646] "wheat"             "wheat1"              "wheat2"

[649] "wheat3"            "wheat4"              "whitesmoke"

[652] "yellow"            "yellow1"             "yellow2"

[655] "yellow3"           "yellow4"             "yellowgreen"

> demo("colors")
```

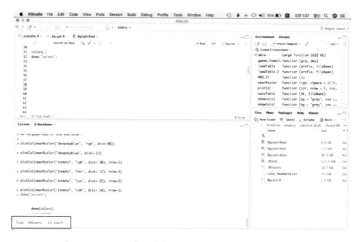

'Type to start:'가 보이면 return (또는 enter) 키를 누른다.

왼쪽 하단의 콘솔 창에 'Type to start :'라는 파란 글씨가 보입니다. return (또는 enter) 키를 누르세요. 그러면 다음 쪽과 같이 'Hit 〈Return〉 to see next plot:'라고 표시되면서 다음 return 키를 기다립니다.

한 번 더 return 키를 누르면 이번에는 우측 하단에 plot 창이 활성화되면서 오색찬란한 글씨가 가득 보이죠. 글씨가 너무 빽빽하게 보이는데, 'Zoom' 버튼을 누르면 아래와 같이 확대된 창을 볼 수 있습니다. 해당 창에는 각각의 글씨가 자신에 해당하는 색으로 쓰여 있고요.

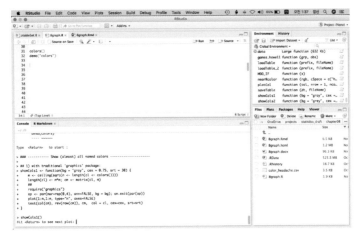

return (또는 enter) 키를 한 번 더 누른다.

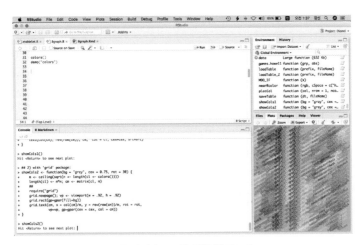

우측 하단의 plot 창이 활성화된 모습.

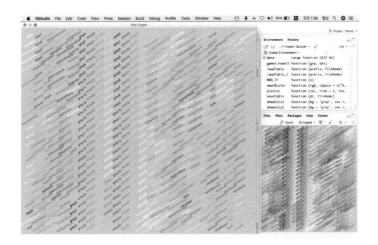

'Zoom' 버튼을 눌렀을 때의 화면.

다시 열린 창을 닫고 return 키를 반복해서 누르면 다양한 팔레트를 볼 수 있습니다. 색 조합에 자신이 없으면 다음 쪽의 계열별 팔레트를 참조하셔도 좋습니다.

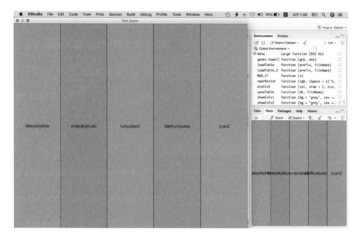

파란색 계열의 색상 팔레트.

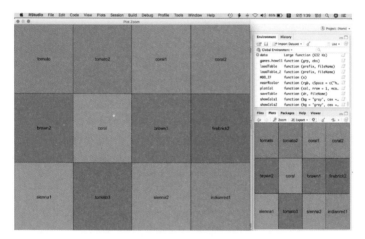

붉은색 계열의 색상 팔레트.

막대그래프 그리기

이번에는 막대그래프를 그려 볼 차례입니다. 이번에는 RStudio에 내장되어 있는 샘플 중 'Motor Trend Car Road Tests(mtcars)'라는 데이터를 활용하겠습니다. 이 데이터에는 1974년《모터 트렌드(*Motor Trend*)》라는 미국 잡지에 실린 여러 자동차의 사양이 담겨 있습니다. 우리는 그중에서 자동차 변속기의 종류(am)와 실린더의 개수(cyl)만 가지고 테이블을 만들도록 하겠습니다. 변속기(transmission)는 '0'과 '1'로 구성되어 있으며, '0'은 자동 변속기(automatic)를 의미하고 '1'은 수동 변속기(manual)를 의미합니다.

```
> ####### 막대그래프를 그리는 방법 #########
> data("mtcars") #내장 데이터를 메모리에 올려서 사용할 준비를 하는
단계입니다.
> mtcars        #데이터를 콘솔 창에서 직접 살펴볼 수 있습니다.
```

	mpg	cyl	disp	hp	drat	wt	qsec	vs	am	gear	carb
Mazda RX4	21.0	6	160.0	110	3.90	2.620	16.46	0	1	4	4
Mazda RX4 Wag	21.0	6	160.0	110	3.90	2.875	17.02	0	1	4	4
Datsun 710	22.8	4	108.0	93	3.85	2.320	18.61	1	1	4	1
Hornet 4 Drive	21.4	6	258.0	110	3.08	3.215	19.44	1	0	3	1
Hornet Sportabout	18.7	8	360.0	175	3.15	3.440	17.02	0	0	3	2
Valiant	18.1	6	225.0	105	2.76	3.460	20.22	1	0	3	1

Duster 360	14.3	8	360.0	245	3.21	3.570	15.84	0	0	3	4
Merc 240D	24.4	4	146.7	62	3.69	3.190	20.00	1	0	4	2
Merc 230	22.8	4	140.8	95	3.92	3.150	22.90	1	0	4	2
Merc 280	19.2	6	167.6	123	3.92	3.440	18.30	1	0	4	4
Merc 280C	17.8	6	167.6	123	3.92	3.440	18.90	1	0	4	4
Merc 450SE	16.4	8	275.8	180	3.07	4.070	17.40	0	0	3	3
Merc 450SL	17.3	8	275.8	180	3.07	3.730	17.60	0	0	3	3
Merc 450SLC	15.2	8	275.8	180	3.07	3.780	18.00	0	0	3	3
Cadillac Fleetwood	10.4	8	472.0	205	2.93	5.250	17.98	0	0	3	4
Lincoln Continental	10.4	8	460.0	215	3.00	5.424	17.82	0	0	3	4
Chrysler Imperial	14.7	8	440.0	230	3.23	5.345	17.42	0	0	3	4
Fiat 128	32.4	4	78.7	66	4.08	2.200	19.47	1	1	4	1
Honda Civic	30.4	4	75.7	52	4.93	1.615	18.52	1	1	4	2
Toyota Corolla	33.9	4	71.1	65	4.22	1.835	19.90	1	1	4	1
Toyota Corona	21.5	4	120.1	97	3.70	2.465	20.01	1	0	3	1
Dodge Challenger	15.5	8	318.0	150	2.76	3.520	16.87	0	0	3	2
AMC Javelin	15.2	8	304.0	150	3.15	3.435	17.30	0	0	3	2
Camaro Z28	13.3	8	350.0	245	3.73	3.840	15.41	0	0	3	4
Pontiac Firebird	19.2	8	400.0	175	3.08	3.845	17.05	0	0	3	2
Fiat X1-9	27.3	4	79.0	66	4.08	1.935	18.90	1	1	4	1
Porsche 914-2	26.0	4	120.3	91	4.43	2.140	16.70	0	1	5	2
Lotus Europa	30.4	4	95.1	113	3.77	1.513	16.90	1	1	5	2

```
Ford Pantera L    15.8  8 351.0 264  4.22  3.170  14.50    0   1   5   4
Ferrari Dino      19.7  6 145.0 175  3.62  2.770  15.50    0   1   5   6
Maserati Bora     15.0  8 301.0 335  3.54  3.570  14.60    0   1   5   8
Volvo 142E        21.4  4 121.0 109  4.11  2.780  18.60    1   1   4   2
```

> result_car = table(mtcars$cyl, mtcars$am)   #실린더 개수와 변속기의 종류를 가지고 테이블을 구성합니다.

> result_car   #result_car에 담아 놓은 테이블을 콘솔 창에서 확인합니다.

```
     0  1
  4  3  8
  6  4  3
  8 12  2
```

> mtcars$am_r <- factor(mtcars$am, labels=c("automatic","manual"))

#6강에서 배운 방법으로 '0'과 '1'을 automatic과 manual로 바꿉니다.

> result_car = table(mtcars$cyl, mtcars$am_r)   # 바뀐 값이 담긴 am_r 열을 이용해서 새로 테이블을 만듭니다.

> result_car   #바뀐 결과를 다시 확인합니다.

```
     automatic manual
  4          3      8
  6          4      3
  8         12      2
```

이제 실습에 사용할 표가 만들어졌으니, 바로 막대그래프를 그려 보도록 하겠습니다. 너무 쉽다고 당황하지 않으셨으면 좋겠습니다. 이번에는 mosaicplot() 함수 대신 barplot() 함수에 표를 담아 주기만 하면 됩니다.

```
> barplot(result_car)
```

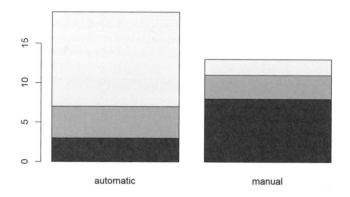

일단 막대그래프는 쉽게 만들어졌습니다. 하지만 완성된 건 아니죠. 모자이크 그래프를 만들 때처럼 여기저기 세세한 부분을 고쳐 가며 완성도를 높여 보겠습니다. 먼저 y축의 길이가 마음에 들지 않습니다. 실제 막대그래프의 길이보다도 짧으니 제 역할을 하지 못하고 있습니다. ylim=c(0,20)을 이용해서 y축의 길이를 늘여 보도록 하겠습니다. 그리고 하는 김에 범례(legend)도 추가하도록 하죠. 범례는 result_car에 담겨 있는 행의 값들을 그대로 불러와서 구성하도록 합니다.

```
> barplot(result_car, ylim=c(0,20),
legend=rownames(result_car))
```

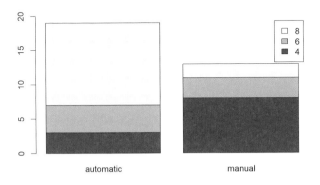

조금 나아졌습니다. 그런데 이번에는 범례가 4, 6, 8로만 되어 있으니, 실제 데이터를 모르는 사람(리뷰어나 청중)이 보면 이해가 어렵습니다. 4, 6, 8 뒤에 'cyl'라는 약자를 붙여서 의미를 전달하도록 하겠습니다. 앞 장에서 배웠던 factor() 함수를 써서 4, 6, 8을 '4 cyl', '6 cyl', '8 cyl'로 바꾼 뒤에 테이블을 새로 만들 수도 있겠죠. 하지만 이번에는 새로운 것을 배워 보는 의미로 paste() 함수를 써 보도록 하겠습니다.

해당 함수는 위처럼 작성하면 '문자열1'과 '문자열2'를 붙여서 '문자열_new'를 만들어 줍니다. 직접 해 보면 이해가 쉽습니다.

```
> mylegend = paste(rownames(result_car),"cylinder")
> mylegend
[1] "4 cylinder" "6 cylinder" "8 cylinder"
```

이제는 바뀐 이름이 담긴 'mylegend'를 이용해서 다시 막대 그래프를 그려 보겠습니다.

```
> barplot(result_car, ylim=c(0,20), legend=mylegend)
```

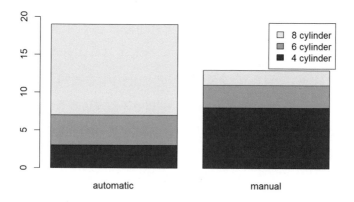

범례의 이름을 이제는 어떤 독자가 읽어도 의미를 알 수 있게 되었죠. 이번에는 막대 그래프를 위로 쌓지 않고, 옆으로 배열하는 방법도 살펴 보겠습니다.

```
> barplot(result_car, ylim=c(0,20), legend=mylegend,
beside=TRUE)
```

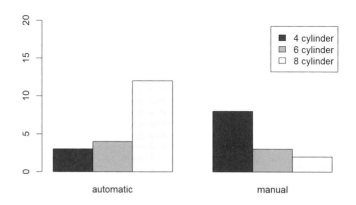

간혹 이렇게 데이터를 그려 주는 편이 결과를 직관적으로 설명해 줄 때가 있습니다. 이번 실습 예제 또한, 쌓아 놓은 것보다 옆으로 배열한 그래프가 의미 전달에 훨씬 용이합니다. 때로는 세로가 아닌 가로로 데이터를 보여 주는 편이 좋을 때도 있습니다. 이때는 함수 옵션에 'horiz=TRUE'만 추가해 주면 됩니다.

```
> barplot(result_car, ylim=c(0,20), legend=mylegend,
```

```
beside=TRUE, horiz=TRUE)
```

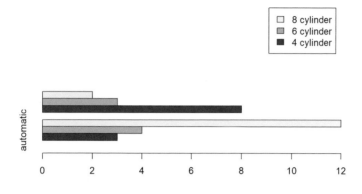

막상 만들어 보니, 이번 실습 데이터는 가로보다 세로가 데이
터의 의미를 전달하기에 더 나았던 것 같습니다. 마지막으로 앞에
서 배웠던 여러 색상 중 자신이 원하는 것으로 막대를 칠해 보도
록 하겠습니다. barplot() 함수 안에 col=c("색상1", "색상2", "색상3")
라는 옵션을 넣어 주면 됩니다.

```
> barplot(result_car, ylim=c(0,20), legend=mylegend,
beside=TRUE, horiz=FALSE, col=c("tan1", "coral2",
"firebrick2") )
```

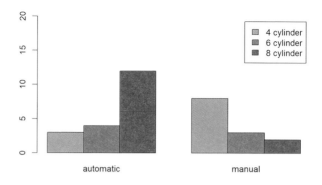

처음보다 훨씬 예쁜 그래프가 완성되었습니다. 결과는 같지만, 코드가 이처럼 길어지면 나중에 유지·보수하기가 어렵기 때문에 실력이 붙으면 같은 결과가 나오는 코드를 아래처럼 여러 줄로 나누어 작성하게 됩니다. 코드의 가독성이 좋아지기 때문입니다.

```
> mycol = c("tan1", "coral2", "firebrick2")
> mycol
[1] "tan1"        "coral2"        "firebrick2"
> barplot(result_car, ylim=c(0,20), legend=mylegend,
beside=TRUE, horiz=FALSE, col=mycol)
```

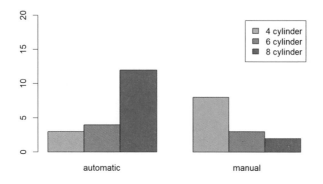

결과는 동일하게 나오면서, barplot() 함수의 코드 길이가 줄어들어 읽기 편하지요. 이번 장에서는 이렇게 그룹 간의 비율을 비교할 때 활용도가 높은 모자이크 그래프와 막대그래프를 그리는 방법을 알아봤습니다. 여러 옵션을 만지작거리면서 자신만의 그래프를 만들어 보시기 바랍니다. 어느 순간 그래프의 달인이 되어 계실 겁니다.

짝을 이룬 데이터 분석 개념 잡기

여기 짝을 이룬 데이터가 있습니다. 이름만 들어서는 무슨 뜻인지 쉽게 감이 오지 않을지도 모릅니다. 짝을 이룬 데이터라 함은 실험 설계에서 실험군과 대조군을 미리 짝지어 놓고, 짝 사이의 차이를 비교하는 것을 의미합니다. 동일 대상에서 실험 약을 바꿔가며 치료 결과를 비교하거나, 치료 전후의 결과를 비교하는 것도 모두 여기에 해당합니다. 임상 시험에서 늘 사용하는 설계이지요. 이러한 설계는 교란 변수의 영향을 줄일 수 있어서 작은 차이에서 더 큰 의미(더 작은 p-값)를 발견할 수도 있습니다. 실제로 보건 의료 연구에서 짝을 이룬 연구는 헤아릴 수 없이 많습니다. 그래서 한 장에 담기보다 세세히 항목을 나누어 설명하고자 합니다. 8강에서는 짝을 이룬 데이터에는 어떤 유형이 포함되는지 살펴보고, 상황별로 어떤 분석 방법을 사용하는지 개념을 잡도록 하겠습니다.

짝을 이룬 유형 A

이를테면 성별과 나이, 몸무게, 소득 수준, 거주지 등이 동일한 '홍길동' 참가자(실험군)와 '이순신' 참가자(대조군)를 미리 짝지어 놓

습니다. 그리고 실험군인 홍길동에게는 A라는 약을, 대조군인 이
순신에게는 B라는 약을 먹인 뒤에 치료 결과를 비교하는 거죠.
안과에서는 양쪽 눈을 짝지어서 실험하기도 합니다. 두 눈은 코를
중심으로 좌우에 있다는 차이 이외에 다른 조건은 모두 같아서
짝을 짓기에 용이합니다. 왼쪽 눈에는 A라는 안약을, 오른쪽 눈
에는 B라는 안약을 넣어서 결과를 비교한다면 이 또한 짝을 이룬
데이터 분석입니다. 추가로 쌍둥이나 형제를 대상으로 실험군과
대조군을 나누어 약물의 효과를 비교하는 실험도 이 유형에 포
함됩니다. 유형 A에 해당하는 대표적인 두 사례를 그래프로 그려
보면 아래와 같습니다.

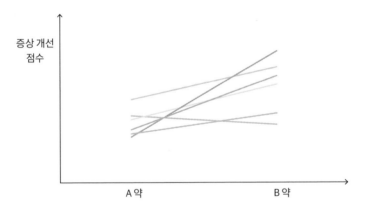

유형 A-1: 짝을 이룬 실험군과 대조군에게
각각 A와 B약의 효과를 비교하는 경우.

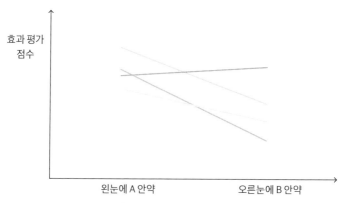

효과 평가
점수

왼눈에 A 안약   오른눈에 B 안약

유형 A-2: 동일 환자의 쌍을 이룬 신체 부위(예: 눈, 손 등)에
서로 다른 약의 효능을 비교하는 경우.

짝을 이룬 유형 B

치료 전후의 결과를 비교하는 것 또한 짝을 이룬 데이터 분석에
해당합니다. 대표적으로 수술 전/수술 후의 결과를 비교하는 연
구가 있습니다. 이런 실험 설계에서도 사람(대상)은 동일하고 치료
전과 후라는 조건만 달라지니 짝을 이룬 것이 됩니다. 성형 수술
전후에 자존감의 변화를 비교하는 연구를 수행한다면 유형 B에
해당하겠네요.

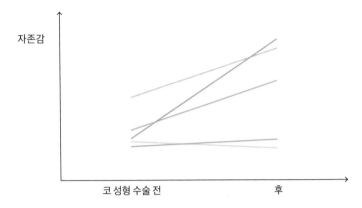

유형 B-1: 시간상으로 전과 후를 비교하는 경우.

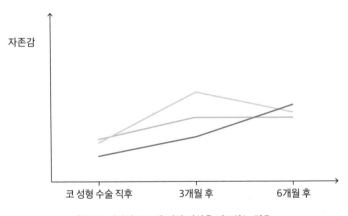

유형 B-2: 시간상으로 세 시점 이상을 비교하는 경우.

유형 A + B

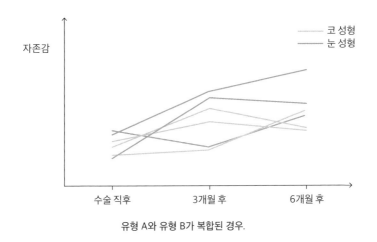

유형 A와 유형 B가 복합된 경우.

    그리고 이처럼 유형 A와 B가 섞여 있는 경우도 있습니다. 그룹별로도 비교가 필요하고, 그룹 안에서도 전후 시간에 따른 변화를 함께 살펴봐야 하는 경우지요.

짝을 이룬 상황에 따른 분석 방법 고르기

짝을 이룬 데이터를 분석하는 방법은 경우에 따라 크게 다섯 가지가 있습니다. 각각을 살펴보면, 대응 $t-$검정(paired $t-$test), 윌콕슨 부호 순위 검정, 일원 배치 반복 분산 분석(one way repeated measures ANOVA), 프리드먼 검정(Friedman test), 이원 배치 반복 분산 분석(two way repeated measures ANOVA)이 여기에 해당합니다.

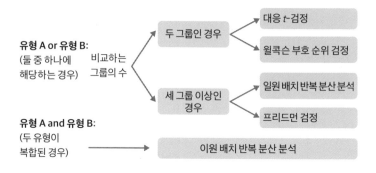

일단 짝을 이룬 데이터이다 싶으면 유형 A와 B가 복합된 경우인지부터 살피면 됩니다. 섞여 있다면 고민 없이 이원 배치 반복 분산 분석을 시행하세요. 다섯 가지 분석법 중에서 가장 복잡하지만, 얻을 수 있는 해석도 가장 풍부합니다.

유형 A와 B가 섞인 경우가 아니라면, 먼저 비교하는 결괏값이 두 묶음인지 세 묶음 이상인지를 살피세요. A 약, B 약인 경우도 두 묶음이고, 수술 전과 후를 비교하는 경우도 두 묶음입니다. A, B, C 약을 비교하면 세 묶음이고 수술 후 1, 3, 6개월의 기간을 비교하는 것도 세 묶음입니다. 두 그룹인 경우에 결괏값의 차이 분포가 정규 분포를 만족한다면 대응 t-검정을 시행하면 됩니다. 만약 정규 분포를 만족하지 않는다면 비모수 검정인 윌콕슨 부호 순위 검정을 하셔야 하고요.

세 그룹 이상인 경우라면 정규 분포를 만족하는 경우 일원 배치 반복 분산 분석을, 만족하지 못하는 경우에는 프리드먼 검정을 활용하시면 됩니다. 다음 장부터는 각각의 분석법을 하나씩 상세히 살펴보도록 하겠습니다.

<u>9강</u> 동일 대상 또는 매칭된 대상에서
A 약과 B 약의 효과, 치료 전후의 결과 비교하기

8강에서 짝을 이룬 데이터의 유형에 대해 알아봤으니, 이번 장에서는 동일 대상이나 매칭된 대상에서 두 가지 조건을 비교하거나, 동일 대상에서 전과 후 결과를 비교하는 방법을 살펴보도록 하겠습니다. 2개의 대상을 비교하는 상황이니, 정규 분포의 여부에 따라 대응 t−검정이나 윌콕슨 부호 순위 검정 중에 하나를 고르면 됩니다. 그래서 각각의 상황에 따른 예제를 하나씩 준비했습니다. 함께 따라 해 보고, 향후에 여러분께서 비슷한 연구 설계를 한다면 동일한 방식으로 데이터 세트를 구성해서 분석을 하시기 바랍니다.

쥐 실험에서 특정 약물 투여 전과 후의
체중을 비교하는 연구

치료 전후의 결과 비교 (정규 분포 조건을 만족하는 경우)
이번 실습에서 사용할 예제는 치료 전후의 쥐의 몸무게를 비교하는 데이터입니다. 먼저 실습용 데이터 파일 pairedData.csv를 읽어 들이고, 실제 데이터를 살펴보겠습니다.

```
> pD <- read.csv("pairedData.csv", header = TRUE)
> View(pD)
```

ID는 실험 동물의 일련 번호이고, before는 처치 전의 몸무게, after는 처치 후의 몸무게입니다. 데이터가 10개뿐이어서 굳이 통계 프로그램을 돌리지 않아도 전체 상황이 느껴집니다. 이런 경우는 전후 결과를 비교하기 위해 통계를 돌린다기보다, 눈에 보이는 주관적인 결과를 객관적으로 표현하기 위해 통계가 필요한 상황이지요. 어떤 약물을 실험했는지는 몰라도 적어도 다이어트 약은 아닌 모양이네요. 개체 대부분의 체중이 증가했으니까요.

자, 지금부터가 중요합니다. 짝을 이룬 데이터를 분석할 때 가장 번거로운 작업인데요. 바로 wide 타입의 데이터를 long 타입의 데이터로 변환하는 과정입니다. wide와 long이라는 단어 자체가 어색하실 겁니다. 앞으로 나올 2개의 테이블을 자세히 살펴보시기를 바랍니다. 첫 번째 테이블이 wide 타입이고 두 번째 테이블이 long 타입입니다. 임상에서 데이터를 취합할 때 우리는 대개 wide 타입을 선호하는데, 컴퓨터는 분석을 위해 long 타입을 선호합니다. 그래서 두 타입을 잘 오갈 줄 알아야 짝을 이룬 데이터를 잘 다룰 수 있게 됩니다. 이 책에서는 총 2개의 방법을 소개해 드릴 예정입니다. 하나로 통일하지 않는 이유는 wide 타입의 형식에 따라 더 특화된 방법이 있기 때문입니다. 하나씩 살펴보도록 하겠습니다.

	ID	before	After
1	1	200.1	392.9
2	2	190.9	393.2
3	3	192.7	345.1
4	4	213.0	393.0
5	5	241.4	434.0
6	6	196.9	427.9
7	7	172.2	422.0
8	8	185.5	383.9
9	9	205.2	392.3
10	10	193.7	352.2

wide 타입으로 구성된 데이터 표.

	ID	GROUP	RESULT
1	1	before	200.1
2	2	before	190.9
3	3	before	192.7
4	4	before	213.0
5	5	before	241.4
6	6	before	196.9
7	7	before	172.2
8	8	before	185.5
9	9	before	205.2
10	10	before	193.7
11	1	After	392.9
12	2	After	393.2
13	3	After	345.1
14	4	After	393.0
15	5	After	434.0
16	6	After	427.9
17	7	After	422.0
18	8	After	383.9
19	9	After	392.3
20	10	After	352.2

long 타입으로 구성된 데이터 표.

tidyr 라이브러리를 활용한 wide -> long 전환

먼저 패키지를 설치하고 라이브러리를 실행합니다. 아래 코드는 라이브러리에 포함되어 있는 pivot_longer() 함수를 이용해서 wide 타입으로 입력된 pD 데이터 세트를 pivot_longer 타입으로 변환, pD2라는 새로운 이름의 데이터 세트에 저장하는 작업입니다.

```
> install.pa1ckages("tidyr")


The downloaded binary packages are in
    /var/folders/v6/6j79nggn3xq7n_pvd0z0r3qw0000gn/T//
RtmpGhUm79/downloaded_packages
> library(tidyr)
> pD2 <- pivot_longer(data = pD, cols = -ID, names_to =
"GROUP", values_to = "RESULT" )
> View(pD2)   # 명령어를 이용해서 pD2를 살펴보시면, 앞서 보여
드렸던 long 타입으로 변환된 데이터를 보실 수 있습니다.
```

   pivot_longer() 안에 옵션으로 names_to 값과 values_to 값을 각각 'GROUP'과 'RESULT'로 지정해 주었는데요. 이건 제가 임의로 정한 것이니 편의대로 바꾸셔도 됩니다. 하지만 바꾸기 전에 long 타입에서 해당 이름이 어떻게 사용되었는지 살펴보고 목

적에 맞게 변경하시기 바랍니다.

이제 짝을 이룬 데이터 분포가 정규 분포를 따르는지 확인하
겠습니다.

```
> d <- pD2$RESULT[pD2$GROUP=="before"] -
pD2$RESULT[pD2$GROUP=="After"]
> shapiro.test(d)


	Shapiro-Wilk normality test

data:  d
W = 0.94536, p-value = 0.6141
```

처치 전과 후를 개별적으로 정규 분포를 확인하는 것은 중요
하지 않습니다. 전후 차이의 값들이 정규 분포를 하는지가 중요
하며, 이것은 대응 t-검정으로 분석할지, 윌콕슨 부호 순위 검정
으로 분석할지를 결정하는 핵심 요소입니다. 결과에서 p-값이
0.6141로 0.05보다 크기 때문에 정규 분포를 한다는 사실을 알 수
있습니다. 그렇다면 대응 t-검정으로 분석해야겠군요. 대응 t-
검정은 t.test() 함수에 옵션 값으로 'paired=TRUE'만 넣어 주면
됩니다. wide 타입에서 long 타입으로 변환하는 작업이 번거롭지
대응 t-검정 자체는 무척 쉽죠. 코드는 다음과 같습니다.

```
> zzz <- t.test(RESULT~GROUP, data=pD2, paired=TRUE)

> zzz


    Paired t-test

data:  RESULT by GROUP
t = 20.883, df = 9, p-value = 6.2e-09
alternative hypothesis: true difference in means is not
equal to 0
95 percent confidence interval:
 173.4219 215.5581
sample estimates:
mean of the differences
                194.49
```

결과는 $p-$값이 6.2×10^{-9}으로 0.05와는 비교도 되지 않게 작게 나왔네요. 즉 처치 전과 후의 차이가 아주 명확하다는 겁니다. 추가로 전후 체중 차이의 평균값은 194.49이며, 체중 차이 평균값의 95퍼센트 신뢰 구간(confidence interval, CI)은 173.4215부터 215.5581까지라는 사실도 알 수 있습니다. 값들이 기술되는 위치를 잘 기억해 두시기 바랍니다.

짝을 이룬 데이터 그래프로 나타내기

통계적으로 의미가 있음을 확인했으니, 그래프로 결과를 그려서
직관적으로 보여 줄 일만 남았습니다. 짝을 이룬 데이터를 그래프
로 그리는 함수는 PairedData라는 패키지에 들어 있습니다.

```
> install.packages("PairedData")   # PairedData 패키지를
설치합니다.


The downloaded binary packages are in
    /var/folders/v6/6j79nggn3xq7n_pvd0z0r3qw0000gn/T//
RtmpGhUm79/downloaded_packages
> library(PairedData)   #설치된 PairedData 패키지를
실행하는 명령어입니다.
Loading required package: MASS
Loading required package: gld
Loading required package: mvtnorm
Loading required package: lattice
Loading required package: ggplot2


Attaching package: 'PairedData'
The following object is masked from 'package:base':
```

```
  summary
```

> before <- subset(pD2, GROUP == "before", RESULT, drop
=TRUE) *#long 타입으로 만들어 둔 pD2 데이터 세트에서 치료
전(before) 결과만을 추려서 before라는 변수에 담아 줍니다.*

> After <- subset(pD2, GROUP == "After", RESULT, drop
=TRUE) *# 마찬가지로 pD2 데이터 세트 안의 치료 후(after)
결과를 after라는 변수에 담아 주는 명령어입니다.*

> pD3 <-paired(before,After) *# 개별적으로 나눠 담은 두
데이터를 다시 paired() 함수를 이용해서 pD3에 담습니다.*

> plot(pD3, type ="profile") *# plot() 함수를 이용해서
그래프를 그려 줍니다.*

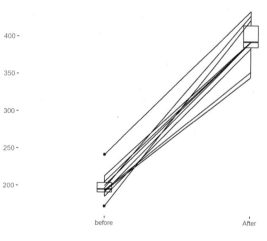

치료 전과 후의 체중 변화.

짝을 이루지 않은 두 그룹의 평균 비교와는 달리 짝지어진 전과 후의 데이터가 직선으로 연결된 모습을 확인할 수 있습니다. 이러한 직선을 통해 치료 전보다 후에 체중이 전반적으로 상승함을 누구나 쉽게 파악할 수 있습니다.

동일한 환자에게 두 종류의 수면제를 번갈아 복용시키며 수면 시간을 비교하는 연구

치료 전과 후의 결과 비교(정규 분포 조건을 만족하지 못하는 경우)
이번 실습에서 사용할 데이터는 R에 내장되어 있는 sleep이라는 이름의 데이터로, 두 종류의 수면제에 대해서 총 10명의 환자를 대상으로 수면 시간의 증감을 비교한 임상 시험 결과 자료입니다.

```
> data(sleep) # 내장되어 있는 데이터라고 해도 data() 함수를
써서 불러오기 전에는 사용할 수 없습니다. data() 함수는 내장
데이터를 바로 사용할 수 있도록 메모리에 준비시켜 줍니다.
> View(sleep) # sleep 데이터 세트 안의 데이터를 직접
살펴보겠습니다.
```

wide 타입에서 long 타입으로의 변환은 앞에서 실습했기 때문에, 이번에는 미리 long 타입으로 입력된 데이터를 준비했습니다. 총 3개의 열로 구성된 데이터입니다. 첫 번째 extra 열에는 수

면제 복용 전과 후에 수면 시간의 변화량이 담겨 있습니다. 두 번째 group 열에는 해당 환자에게 투여된 수면제의 종류가 표시되어 있고, 세 번째 ID 열은 환자의 등록 번호(또는 고유 번호)입니다. 세 번째 열이 1부터 10까지 두 번 반복되는 건, 두 종류의 수면제에 대해 반복 시험을 했기 때문입니다. 이렇게 ID가 반복되어 밑으로 나열된 데이터 세트가 바로 long 타입인 거고요.

먼저 앞서와 동일하게 짝을 이룬 값의 차이가 정규 분포를 하는지 알아보겠습니다. 동일한 과정이라 흥미가 떨어질 수 있으니, 이번에는 with() 함수를 써서 코드를 줄이는 방법을 함께 알아보고자 합니다.

```
> with(sleep,
+       shapiro.test(extra[group==2] - extra[group==1]))


    Shapiro-Wilk normality test


data:  extra[group == 2] - extra[group == 1]
W = 0.82987, p-value = 0.03334
> # with(sleep,shapiro.test(extra[group==2] -
extra[group==1])) #이렇게 한 줄로 써도 결과는 동일합니다.
하지만 코드의 가독성을 위해 위처럼 두 줄로 나눠 쓰는 경우가
흔하니, 미리 알아 두시기 바랍니다.
```

with() 함수는 첫 번째 인자(여기에서는 sleep이 첫 번째 인자로 주어졌습니다.)를 받아서, 두 번째 인자에 포함된 모든 변수의 이름 앞에 소속을 명기해 주는 역할을 합니다. shapiro.test(extra[group==2] − extra[group==1]) 안에서 포함된 2개의 변수 extra와 group을 각각 sleep$extra와 sleep$group으로 컴퓨터가 받아들이도록 돕는 거죠. 그래서 실제 결과는 아래처럼 입력하는 것과 동일합니다.

```
> shapiro.test(sleep$extra[sleep$group==2]-
sleep$extra[sleep$group==1])

    Shapiro-Wilk normality test

data:  sleep$extra[sleep$group == 2] -
sleep$extra[sleep$group == 1]
W = 0.82987, p-value = 0.03334
```

$p-$값이 0.03334로 0.05보다 작으니, 정규 분포를 따르지 않음을 알았습니다. 그렇다면 대응 $t-$검정이 아니라 윌콕슨 부호순위 검정을 이용해야겠군요. 이번에는 t.test() 함수 대신 wilcox.test() 함수를 사용하시면 됩니다.

```
> with(sleep,
+      wilcox.test(extra[group==2]-extra[group==1],
exact=FALSE))


    Wilcoxon signed rank test with continuity correction

data:  extra[group == 2] - extra[group == 1]
V = 45, p-value = 0.009091
alternative hypothesis: true location is not equal to 0
```

결과는 $p-$값이 0.009091로 0.05보다 작게 나왔으니, 두 종류의 수면제 효과가 차이가 남을 알 수 있습니다. 이제 그래프를 그려 보도록 하겠습니다. 방법은 같습니다.

```
> Drug1 <- subset(sleep, group==1, extra, drop =TRUE)
# sleep 데이터 세트에서 group 1에 해당하는 데이터를 Drug1
변수에 담습니다.
> Drug2 <- subset(sleep, group==2, extra, droup =TRUE)
# 동일하게 group 2에 해당하는 데이터는 Drug2에 담습니다.
> sleep2 <- paired(Drug1, Drug2) # paired() 함수를 이용해서
Drug1과 Drug2를 묶어서 sleep2에 담습니다.
> plot(sleep2, type ="profile") # sleep2를 그래프로
```

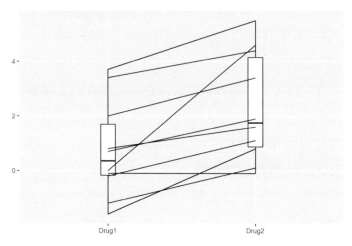

두 가지 약제 복용에 따른 수면 시간의 비교.

통계적으로 의미가 있다는 사실을 미리 알고 있었지만, 실제로 그래프를 그려 보면 느낌이 또 다릅니다. 연구자 스스로도 참가자 10명 중 1명만 두 가지 수면제에 대한 반응이 거의 비슷할 뿐, 나머지 대상자 모두는 Drug1보다 Drug2를 복용했을 때 수면 시간 증가의 효과가 컸음을 확인할 수 있습니다. 연구를 하다 보면 자신의 데이터에 가지는 확신이 다음 연구 가설의 근간이 됨을 느낍니다. 그런 측면에서 보면 이렇게 그래프를 그려서 자신의 데이터를 신뢰하게 되는 과정은 굳이 남을 설득하기 위해서라기보다 자신을 위해 더욱 중요한 것 같습니다.

10강 동일 대상 또는 매칭된 (셋 이상의) 대상에서 치료 1, 2, 3개월 후의 결과 비교하기

9강에서 전후, 즉 시간상 두 시점 간의 변화를 통계적으로 검증하는 방법을 살펴봤습니다. 그런데 전후만 살피기에는 뭔가 부족해 보여서 최근 연구 설계에서는 여러 시점을 분석합니다. 이를테면 치료 전과 치료 직후, 그리고 치료 1개월 후, 2개월 후, 3개월 후 등으로 결과 측정을 여러 시점에서 하고 그 변화 양상을 분석하는 거죠. 이번 장에서는 바로 이렇게 시점이 여럿인 상황을 공부해 보도록 하겠습니다.

동일 대상에서 치료 직후와 1, 3, 6개월 후의 결과를 비교하는 연구

변동량이 정규 분포를 하는 경우

이번 실습에 사용할 예제는 onewaySample.csv라는 이름으로 준비했습니다. 일단 데이터부터 불러와서 살펴보도록 하죠.

```
> oW <-read.csv("onewaySample.csv", header = TRUE)
> oW
  X id score0 score1 score3 score6
```

1	1	1	60	41	25	16
2	2	2	52	38	23	12
3	3	3	62	36	22	14
4	4	4	58	34	21	13
5	5	5	65	34	28	18
6	6	6	58	42	26	16
7	7	7	53	38	25	21

　　예제 데이터 안에는 7명에 대한 총 네 차례의 관찰값이 들어 있습니다. 여기서 잠시 혼란스러울 수 있는데요. id 열은 환자 등록 번호인데, 그 앞에 X라는 열이 하나 더 있음을 볼 수 있습니다. 간혹 데이터 작업을 통해 만든 데이터 세트를 저장해 두거나 타인과 공유하기 위해 CSV 파일로 저장하는 경우가 있는데요. 그렇게 내보냈던(export) CSV 파일을 다시 읽어 오면 저장할 때는 없었던 X열이 따라 붙는 것을 확인하게 됩니다. 사실 데이터 작업에서 크게 문제가 되지는 않지만, 동일한 작업을 반복하다 보면 X열이 하나가 아니라 계속 늘어나면서 불편해지기 마련입니다. 실습 데이터를 준비하는 과정에서 onewaySample.csv 파일에도 X열이 생긴 건데요. 없애고 여러분께 제공할까 생각하다가 X열을 삭제하는 방법도 알려 드리는 편이 바람직할 것 같아 그냥 두었습니다. 지금 함께 없애 보도록 하죠. X열을 없애는 방법은 놀랄 만큼 다양합니다. 제가 지금 설명드리는 방법은 그중 하나입니다.

```
> oW <- oW[ , 2:6 ]
```

　　R 중급자 이상의 실력을 가진 분들이 보면, 무식하다고 이야기할 수도 있겠습니다. 하지만 이 방법이 가장 직관적이라고 판단되어 먼저 여러분께 소개합니다.

　　데이터 프레임 뒤의 대괄호는 데이터 프레임의 일부를 선택하는 방법입니다. 대괄호 안의 쉼표를 기준으로 앞쪽은 행의 범위를, 뒤쪽은 열의 범위를 지정하는 공간입니다. 위의 명령어 oW[, 2:6]에서 쉼표 앞은 그냥 비워 둔 것을 볼 수 있는데 이것은 조건 없이 모든 행을 선택하겠다는 의미를 전달하는 겁니다. 쉼표 뒤의 2:6은 2열부터 6열까지를 선택하겠다는 것을 의미합니다. 이런 실습에서는 '백문이 불여일견'입니다. 여러 변형 코드를 통해 결과를 확인하시면 쓰임새를 익히는 데 도움이 될 겁니다.

```
> oW[ , ]    # 모든 행과 열을 가져오라는 의미입니다. 물론 이런
경우는 변화가 없으니 실제로 쓸 일은 없습니다.
  id score0 score1 score3 score6
1  1     60     41     25     16
2  2     52     38     23     12
3  3     62     36     22     14
4  4     58     34     21     13
5  5     65     34     28     18
```

```
6  6       58      42      26      16
7  7       53      38      25      21
```

> oW[1:2,2:3] *# 행은 1행부터 2행, 열은 2열부터 3열까지를*
가져옵니다.

```
   score0 score1
1      60     41
2      52     38
```

> oW[-1,] *# 행은 1행을 제외한 나머지 행을 모두 가져오고, 열은*
모든 열을 가져옵니다.

```
   id score0 score1 score3 score6
2  2      52     38     23     12
3  3      62     36     22     14
4  4      58     34     21     13
5  5      65     34     28     18
6  6      58     42     26     16
7  7      53     38     25     21
```

> oW[2,2] *# 2행과 2열이 만나는 셀의 값을 가져옵니다.*

```
[1] 52
```

> oW[,-1] *# 행은 모두 가져오고, 열에서는 첫 번째 열을 제외한*
모든 열을 가져옵니다.

```
   score0 score1 score3 score6
1      60     41     25     16
```

2	52	38	23	12
3	62	36	22	14
4	58	34	21	13
5	65	34	28	18
6	58	42	26	16
7	53	38	25	21

결과를 살펴보면 oW[,2:6]과 oW[,−1]이 동일한 결과를 얻어 냄을 알 수 있습니다. 결과는 같은데, 첫 번째 명령어가 더 복잡하죠. 열의 끝이 6열이라는 사실을 미리 View() 함수 등을 이용해서 찾아봐야 하니까요. 그러니 두 번째 명령어가 쓰기가 더 편합니다. 이제 X열을 제외한 데이터 세트를 oW에 다시 담았으니, 새로 준비된 oW 데이터 세트를 가지고 분석을 진행하면 됩니다.

짝을 이룬 셋 이상의 시점(또는 집단)에서 정규 분포를 확인하는 방법
준비된 데이터 세트에서 시점 간의 변화량이 정규 분포를 따르는지에 따라 분석 방법이 일원 배치 반복 분산 분석 또는 프리드먼 검정으로 결정됩니다. 평균을 비교할 때 두 집단의 정규 분포를 확인하는 방법과 세 집단 이상에서 정규 분포를 확인하는 방법은 달랐죠. 짝을 이룬 데이터 분석에서도 마찬가지로 세 시점(또는 집단) 이상이라면 정규 분포를 확인하는 방법이 (9강에서 배웠던) 짝을 이룬 두 시점(또는 집단)의 그것과 달라야 합니다. 먼저 pivot_

longer() 함수를 이용해서 wide 타입인 oW 데이터 세트를 long 타입으로 바꿔 보겠습니다.

```
> install.packages("tidyr") 10강에서 패키지를 설치한 독자분은
이 명령어를 건너뛰면 됩니다.
> library(tidyr)
> oWLong <-pivot_longer(data =oW, cols =-id, values_to =
"score" )
> oWLong <- oWLong[8:35, ]
```

이후, aov() 함수를 이용해 결과를 out에 담고, 잔차를 계산해 주는 resid() 함수에 out을 담아 shapiro.test() 함수에 넣어 주면 됩니다.

```
> out = aov(score~name, data=oWLong)
> shapiro.test(resid(out))

    Shapiro-Wilk normality test

data:  resid(out)
W = 0.98539, p-value = 0.954
```

$p-$값이 0.05보다 한참 크게 나왔으니, 정규 분포를 가정할 수 있겠네요. 이제 우리는 짝을 이룬 해당 데이터의 분석을 위해 일원 배치 반복 분산 분석을 이용해야 함을 알게 된 겁니다.

일원 배치 반복 분산 분석

이제 바로 일원 배치 반복 분산 분석을 통해 시점 간의 변화가 통계적으로 의미가 있는 수준인지 확인해 보도록 하겠습니다. 먼저 lm() 함수를 사용해서 일원 배치 반복 분산 분석에 사용할 모형을 만들어야 하는데요. 함수 안에 데이터 프레임이 아닌 리스트 형식으로 값들을 전달해 주어야 합니다만, 여기서부터 그동안 잘 따라 오시던 분들도 좌절을 경험하게 될 때가 많습니다. 코딩을 쉽게 배우는 사람들은 이럴 때 코드를 분석하려 하지 않고, 단순히 변형해서 적용만 합니다. 영어 회화를 잘하려면 문장을 문법적으로 분석하려 하지 말고 통으로 암기하라는 이야기를 들어 보신 적이 있을 겁니다. 코드도 마찬가지입니다. 낯설고 이해가 되지 않으면 변수 이름만 자신의 변수 이름으로 바꿔서 사용하면 됩니다. 먼저 아래 코드를 무심히 따라 해 보세요.

```
> oWmodel <- lm(cbind(oW$score0, oW$score1, oW$score3,
oW$score6)~1)
> Trials <- factor(c("score0","score1","score3","score6"),
ordered = F)
```

```
> install.packages("car")

> library(car)

Loading required package: carData

> model <- Anova(oWmodel, idata=data.frame(Trials), idesign =
~Trials, type ="III")

> summary(model, multivariate=F)


Univariate Type III Repeated-Measures ANOVA Assuming Sphericity


            Sum Sq  num Df  Error SS  den Df  F value      Pr(>F)
(Intercept) 32300        1    94.714       6  2046.16  7.819e-09 ***
Trials       7219        3   187.286      18   231.27  1.473e-14 ***
---
Signif. codes:  0 '***' 0.001 '**' 0.01 '*' 0.05 '.' 0.1 ' ' 1




Mauchly Tests for Sphericity


       Test statistic p-value
Trials         0.2433 0.25494
```

```
Greenhouse-Geisser and Huynh-Feldt Corrections

 for Departure from Sphericity


        GG eps Pr(>F[GG])
Trials 0.6057  1.578e-09 ***
---
Signif. codes:  0 '***' 0.001 '**' 0.01 '*' 0.05 '.' 0.1 ' ' 1


        HF eps   Pr(>F[HF])
Trials 0.8542498 1.054398e-12
```

위와 같은 결과가 동일하게 좌하단의 콘솔 창에 보인다면, 성공한 겁니다. 이제 해석만 잘하면 되죠. 여기에서 유념해야 할 부분은 결과에서 보이는 바와 같이 $p-$값이 총 4개가 보인다는 점입니다. 어떤 $p-$값이 우리가 찾던 $p-$값일까요? 일원 배치 반복 분산 분석에서는 정규성 검증 이외에 구형성 가정(sphericity assumption)에 대한 검증이 한 차례 더 필요합니다. 구형성 가정이란 어느 두 시점 사이에서 측정치의 차이에 대한 분산이 모두 일정해야 한다는 뜻인데요. 풀어 말하면, 비록 시간 순서대로 반복적으로 측정된 자료이지만, 모든 시점 사이의 관련성 정도는 일정해야 한다는 것을 의미합니다.

그렇다면 구형성 가정에 대한 검증은 어떻게 해야 할까요?

다행히 Anova() 함수에서는 자동으로 구형성에 대한 검증을 동시에 시행해서 결과를 보여 줍니다. 두 번째 위치한 p-값이 바로 모클리 구형성 검증(Mauchly's tests of sphericity)에 대한 결과죠. 여기에서는 해당 검증에 대한 p-값이 0.25494로 계산되었습니다. 0.05 이상이므로, 구형성을 가정할 수 있겠네요. (반대로 0.05 이하라면 구형성 가정을 만족하지 못한다고 해석합니다.) 그렇다면 univariate type III repeated-measures ANOVA assuming sphericity 결과에서 'Trials' 항목의 p-값을 최종적으로 선택하면 됩니다. 테스트 이름에도 친절하게 'Assuming Sphericity'라고 적혀 있으니까요.

만약 모클리 구형성 검증에 따른 p-값이 0.05이하라면 구형성 가정을 만족하지 못하므로, Univariate Type III Repeated-Measures ANOVA Assuming Sphericity에 따른 p-값을 신뢰할 수 없습니다. 그럴 때는 자유도를 보정해 주어야 하는데요. 걱정하지 않으셔도 됩니다. 이미 유명한 통계학자들이 자유도를 보정해 p-값을 구하는 방법을 세상에 내놓으셨고, 하나는 그린하우스-가이저 보정(Greenhous-Geisser(GG) correction)이며 또 다른 하나는 후인-펠트 보정(Huynh-Feldt(HF) correction)입니다. 세 번째 p-값인 1.578×10^{-9}, 네 번째 p-값인 1.054398×10^{-12}이 바로 각각의 보정 방법에 따른 p-값인 거죠. 그렇다면 둘 중에서 어떤 것을 선택해야 할까요? 뭘 또 묻고 그러세요. 당연히 더 작은 p-값을 선택해야겠지요.

제가 준비한 예제 데이터는 정규성과 구형성을 동시에 만족하기 때문에 첫 번째 $p-$값 1.473×10^{-14}을 최종 결과로 제시하면 옳게 하신 겁니다. 해당 $p-$값이 0.05보다 훨씬 작으니, 반복 측정에 대한 변이가 통계적으로 의미가 있다는 결과를 얻었네요. 그러면 네 번의 관찰 시점 중에서 어떤 시점 간의 변화가 차이가 있었던 걸까요? 아직은 알 수가 없습니다. 세 그룹 이상의 평균을 비교했을 때와 마찬가지로 지금 구한 $p-$값만을 가지고는 여러 시점 중 적어도 어디선가는 통계적으로 의미 있는 변화가 있다는 사실만을 확인했을 뿐입니다. 네 번의 시점 중 어느 사이에서 차이가 있었는지를 알아보기 위해서는 여기서도 사후 검정이 필요합니다. 다행히 사후 검정 방법은 세 그룹 이상의 평균 비교에서와 동일합니다. TukeyHSD() 함수에 앞서 계산해서 out 변수에 담아 두었던 결괏값을 넣어 주면 됩니다.

```
> TukeyHSD(out)
  Tukey multiple comparisons of means
    95% family-wise confidence level

Fit: aov(formula = score ~ ID, data = oWLong)

$ID
                    diff        lwr        upr     p adj
```

score1-score0	-20.714286	-25.76875	-15.659823	0.000000
score3-score0	-34.000000	-39.05446	-28.945537	0.000000
score6-score0	-42.571429	-47.62589	-37.516966	0.000000
score3-score1	-13.285714	-18.34018	-8.231251	0.000001
score6-score1	-21.857143	-26.91161	-16.802680	0.000000
score6-score3	-8.571429	-13.62589	-3.516966	0.000513

　　결과를 살펴보면, 4개의 시점 사이에 존재하는 6개의 개별 시점 조합에 따른 $p-$값이 계산된 것을 볼 수가 있습니다. 모든 $p-$값이 0.05보다 작으므로, 시점마다 변화의 차이가 통계적으로 유의한 수준이었음을 알 수 있습니다.

짝을 이룬 셋 이상의 시점(또는 집단)의 변화를
그래프로 나타내는 방법

분석을 통해 시점마다 변화가 통계적으로 유의한 수준임을 알 수 있었으니, 이제는 해당 결과를 그래프로 나타내서 직관적인 설명을 위한 자료를 준비해 보도록 하겠습니다. 이번에는 gplots라는 패키지를 이용해 볼 차례입니다. 먼저 패키지의 설치와 실행을 한후 means 변수에 각 시점 간의 평균을 계산해서 모두 담아 줍니다. 망설임 없이 바로 plotCI() 함수를 이용해서 그래프를 그려 보겠습니다.

```
> install.packages("gplots")
> library(gplots)

Attaching package: 'gplots'
The following object is masked from 'package:stats':

    lowess
> means <- c(mean(oW$score0), mean(oW$score1),
mean(oW$score3), mean(oW$score6))
> means #이렇게 변수명을 바로 실행해 보면, 변수 안에 담긴
내용을 직접 확인해 볼 수 있습니다.
[1] 58.28571 37.57143 24.28571 15.71429
> plotCI(x=means , type ="l", ylab="score", xlab="month",
main="One way test")
```

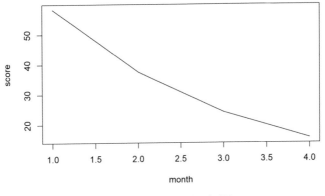

One way test

시간의 흐름에 따른 점수의 변화.

앞선 분석을 통해 예상하고 있었던 것처럼, 매우 가파른 하향 곡선을 그리는군요. 그런데 그래프가 조금 밋밋한 감이 있습니다. 오차막대(errorbar)가 없어서 그런 것 같군요. 오차막대를 추가하기 위해서는 표본 평균의 표준 편차에 해당하는 표준 오차(standard error, se)를 계산해야 합니다. se를 구하고 값을 확인해 본 뒤, plotCI() 함수에 옵션으로 오차막대를 넣어 보겠습니다.

```
> se <- sd(oWLong$score)/sqrt(length(oWLong$score))
#표준 오차를 구하는 공식입니다.
> se    # 3.149906이 계산되었군요.
[1] 3.149906
```

```
> plotCI(x=means, uiw =se , type ="l", ylab="score",
xlab="month", main="One way test")   # uiw에 계산된 표준
오차값을 넣어 주면 그래프의 각 시점에 오차막대를 달아 줍니다.
```

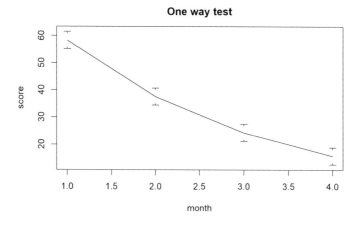

156쪽 그래프에 오차막대를 추가한 모습.

동일 대상에서 세 가지 방법의 반복 결과를 비교하는 연구

변동량이 정규 분포를 하지 않는 경우

이번에는 동일 대상에서 세 가지 다른 방법의 실험을 반복하게
해서 각각의 방법에 따른 결과를 비교하는 연구를 해 보려고 합
니다. 예제 데이터는 변동량이 정규 분포하지 않는 반복 분산
분석에서 가장 많이 인용되는, 마일스 홀랜더(Myles Hollander)

와 더글러스 A. 울프(Douglas A. Wolfe)의 1999년 저서에 실린 'RoundingTimes'라는 데이터 세트입니다. 해당 데이터는 야구에서 타자가 홈플레이트에서 출발해서 1루를 거쳐 2루를 가는 세 가지 방법(round out, narrow angle, wide angle)에 대해 18명의 선수를 대상으로 반복하면서 얻은 훈련 데이터입니다.

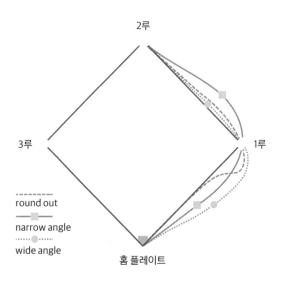

```
> # 출처: Myles Hollander & Douglas A. Wolfe(1999),
Nonparametric Statistical Methods, 2nd Edition. New York:
John Wiley & Sons.
> RoundingTimes <-
    matrix(c(5.40, 5.50, 5.55,
```

```
                5.85, 5.70, 5.75,
                5.20, 5.60, 5.50,
                5.55, 5.50, 5.40,
                5.90, 5.85, 5.70,
                5.45, 5.55, 5.60,
                5.40, 5.40, 5.35,
                5.45, 5.50, 5.35,
                5.25, 5.15, 5.00,
                5.85, 5.80, 5.70,
                5.25, 5.20, 5.10,
                5.65, 5.55, 5.45,
                5.60, 5.35, 5.45,
                5.05, 5.00, 4.95,
                5.50, 5.50, 5.40,
                5.45, 5.55, 5.50,
                5.55, 5.55, 5.35,
                5.45, 5.50, 5.55,
                5.50, 5.45, 5.25,
                5.65, 5.60, 5.40,
                5.70, 5.65, 5.55,
                6.30, 6.30, 6.25),
        nrow = 22,
```

```
        byrow = TRUE,

    dimnames = list(1 : 22,

                    c("Round Out", "Narrow Angle",
"Wide Angle")))
# 해당 코드는 예제 데이터를 데이터 세트로 만들어 주는 코드이며,
크게 중요하지 않으니 데이터 세트만 잘 만들어졌다면 편하게
넘어가셔도 됩니다.

RoundingTimes   #아래와 같은 결과가 나오면 됩니다. 그렇지
않다면 위의 코드를 옮겨 적으면서 오타가 발생한 건 아닌지 확인해
보세요.
```

	Round Out	Narrow Angle	Wide Angle
1	5.40	5.50	5.55
2	5.85	5.70	5.75
3	5.20	5.60	5.50
4	5.55	5.50	5.40
5	5.90	5.85	5.70
6	5.45	5.55	5.60
7	5.40	5.40	5.35
8	5.45	5.50	5.35
9	5.25	5.15	5.00
10	5.85	5.80	5.70
11	5.25	5.20	5.10

12	5.65	5.55	5.45
13	5.60	5.35	5.45
14	5.05	5.00	4.95
15	5.50	5.50	5.40
16	5.45	5.55	5.50
17	5.55	5.55	5.35
18	5.45	5.50	5.55
19	5.50	5.45	5.25
20	5.65	5.60	5.40
21	5.70	5.65	5.55
22	6.30	6.30	6.25

해당 반복 데이터 세트의 분석 방법을 결정할 때 가장 먼저 해야 할 일은 정규성을 검증하는 거겠죠. 그러기 위해서 wide 타입을 long 타입으로 변환하는 작업부터 해 보겠습니다. 이번에는 reshape 패키지의 melt() 함수를 이용할 겁니다. 앞에서 사용했던 방법과 또 다른 방법을 소개하는 이유는 데이터 세트의 구조에 따라 궁합이 좋은 함수가 다르기 때문입니다. 저는 개인적으로 여러 wide → long(또는 long → wide) 변환 함수를 정리해서 가지고 있다가 상황에 따라 하나씩 골라서 사용합니다. 간혹 하나의 함수로 모든 작업을 하려는 초보자 분들을 만나는데, 절대 그럴 필요 없습니다. R 패키지는 이미 완성된 프로그램이 아닌, 통계 연

구자들을 위한 놀이터일 뿐입니다. 여기에 서로가 각자 개발한 장난감(패키지와 그 안에 포함된 함수들)을 가지고 나와서 공유하며 노는 거죠. 가끔은 겉보기보다 성능이 좋지 않은 장난감도 있습니다. 그럴 때는 과감히 그 장난감을 내려놓고, 더 좋은 장난감을 찾는 용기도 필요합니다. 이번에 제가 소개하는 reshape이라는 장난감도 쓰임새가 무척 크니, 잘 메모해 두셨다가 자주 활용하시기 바랍니다.

```
> install.packages("reshape")
> library(reshape)

Attaching package: 'reshape'
The following objects are masked from 'package:tidyr':

    expand, smiths
> RT2 <- melt(RoundingTimes)
> RT2
   X1         X2 value
1   1  Round Out  5.40
2   2  Round Out  5.85
3   3  Round Out  5.20
4   4  Round Out  5.55
```

```
5   5    Round Out    5.90

6   6    Round Out    5.45

7   7    Round Out    5.40

8   8    Round Out    5.45

9   9    Round Out    5.25

10  10   Round Out    5.85

11  11   Round Out    5.25
⋮

중략
⋮

59  15   Wide Angle   5.40

60  16   Wide Angle   5.50

61  17   Wide Angle   5.35

62  18   Wide Angle   5.55

63  19   Wide Angle   5.25

64  20   Wide Angle   5.40

65  21   Wide Angle   5.55

66  22   Wide Angle   6.25
```

RT2라는 변수에 long 타입으로 변환된 데이터가 잘 담겨 있는 것을 보셨습니다. 이제 늘 하던 방법대로 정규성을 검증해 보겠습니다.

```
> out <- aov(value~X2, data=RT2)
> shapiro.test(resid(out))


    Shapiro-Wilk normality test

data:  resid(out)
W = 0.93013, p-value = 0.001112
```

$p-$값이 0.001112로 0.05보다 작게 나왔으니, 정규성을 가정할 수 없겠네요. 세 반복 조건에 대한 연구 설계이고, 정규성을 가정할 수 없으니, 우리는 이제 프리드먼 검정을 이용해야 한다는 사실을 알게 되었습니다.

```
> ####### Friedman test ######
> friedman.test(RoundingTimes)


    Friedman rank sum test

data:  RoundingTimes
Friedman chi-squared = 11.143, df = 2, p-value = 0.003805
```

프리드먼 순위합 검정에서 $p-$값이 0.003805로 0.05보다 작게 나왔네요. 세 반복 조건 중 적어도 하나는 결과에서 차이가 있었다는 사실을 알 수 있네요. 그래프로 그려서 보도록 하겠습니다.

```
> boxplot(value~X2, data=RT2)
```

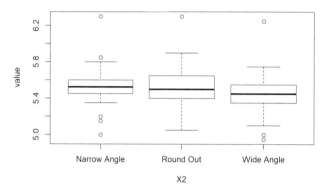

세 가지 주루 방법에 따른 주파 시간의 비교 박스 플롯.

　그래프로 그려 보니 Wide Angle의 경우가 조금 낮게도 보이네요. 하지만 큰 차이는 아니라서, 통계적으로 의미가 있는지는 사후 검정을 해 봐야 알 수 있을 것 같습니다.

　프리드먼 검정에 대한 사후 검정은 패키지로 배포된 함수를 찾지 못했습니다. 그래서 번거롭지만 코드로 된 함수를 소개합니다. frieman.test.with.post.hoc() 함수를 이용하기 전에 coin이라는 패키지를 설치하고 시행하는 까닭은 해당 함수에서 coin 패키지 안의 여러 함수를 이용하기 때문입니다.

```
> install.packages("coin")    #동일한 컴퓨터에서는 한 번만
실행하시면 됩니다.
also installing the dependency 'libcoin'

The downloaded binary packages are in
    /var/folders/v6/6j79nggn3xq7n_pvd0z0r3qw0000gn/T//
Rtmp0ccXuB/downloaded_packages
> library(coin) # coin 패키지(프로그램)를 실행합니다.
Warning: package 'coin' was built under R version 3.5.2
Loading required package: survival
> # 아래의 긴 코드의 하나의 함수입니다.
> # 해당 코드는 아래 인터넷 페이지에서 복사해서 붙여 넣으시면
됩니다.
> # ref: https://www.r-statistics.com/2010/02/post-hoc-
analysis-for-friedmans-test-r-code/
> # 아래의 150줄을 한 번에 블록으로 설정한 뒤, ctrl +
return(또는 enter) 키 조합을 눌러서 실행하세요.
>
> friedman.test.with.post.hoc <- function(formu, data,
to.print.friedman = T, to.post.hoc.if.signif = T,
```

```
to.plot.parallel = T, to.plot.boxplot = T, signif.P = .05,
color.blocks.in.cor.plot = T, jitter.Y.in.cor.plot =F)
{
   # formu is a formula of the shape:  Y ~ X | block
   # data is a long data.frame with three columns:   [[ Y
(numeric), X (factor), block (factor) ]]


   # Note: This function doesn't handle NA's! In case of NA
in Y in one of the blocks, then that entire block should be
removed.


   # Loading needed packages
   if(!require(coin))
   {
      print("You are missing the package 'coin', we will
now try to install it...")
      install.packages("coin")
      library(coin)
   }

   if(!require(multcomp))
```

```
{
    print("You are missing the package 'multcomp', we
will now try to install it...")
    install.packages("multcomp")
    library(multcomp)
}


if(!require(colorspace))
{
    print("You are missing the package 'colorspace', we
will now try to install it...")
    install.packages("colorspace")
    library(colorspace)
}



# get the names out of the formula
formu.names <- all.vars(formu)
Y.name <- formu.names[1]
X.name <- formu.names[2]
block.name <- formu.names[3]
```

```
   if(dim(data)[2] >3) data <- data[,c(Y.name,X.name,block
.name)]   # In case we have a "data" data frame with more
then the three columns we need. This code will clean it
from them..


   # Note: the function doesn't handle NA's. In case of NA
in one of the block T outcomes, that entire block should
be removed.


   # stopping in case there is NA in the Y vector
   if(sum(is.na(data[,Y.name])) > 0) stop("Function
stopped: This function doesn't handle NA's. In case of
NA in Y in one of the blocks, then that entire block
should be removed.")


   # make sure that the number of factors goes with the
actual values present in the data:
   data[,X.name ] <- factor(data[,X.name ])
   data[,block.name ] <- factor(data[,block.name ])
   number.of.X.levels <- length(levels(data[,X.name ]))
   if(number.of.X.levels == 2) {
warning(paste("'",X.name,"'", "has only two levels.
```

```
Consider using paired wilcox.test instead of friedman
test"))}


    # making the object that will hold the friedman test
and the other.
    the.sym.test <- symmetry_test(formu, data = data,
### all pairwise comparisons
                                        teststat = "max",
                                        xtrafo =
function(Y.data) { trafo( Y.data, factor_trafo
= function(x) { model.matrix(~ x - 1) %*%
t(contrMat(table(x), "Tukey")) } ) },
                                        ytrafo =
function(Y.data){ trafo(Y.data, numeric_trafo = rank,
block = data[,block.name] ) }
    )
    # if(to.print.friedman) { print(the.sym.test) }


    if(to.post.hoc.if.signif)
    {
        if(pvalue(the.sym.test) < signif.P)
```

```
{
    # the post hoc test
    The.post.hoc.P.values <- pvalue(the.sym.test, method
= "single-step")    # this is the post hoc of the friedman
test


    # plotting
    if(to.plot.parallel & to.plot.boxplot)  par(mfrow =
c(1,2)) # if we are plotting two plots, let's make sure we'll
be able to see both

    if(to.plot.parallel)
    {
      X.names <- levels(data[, X.name])
      X.for.plot <- seq_along(X.names)
      plot.xlim <- c(.7 , length(X.for.plot)+.3)      #
adding some spacing from both sides of the plot

        if(color.blocks.in.cor.plot)
        {
          blocks.col <- rainbow_hcl(length(levels(data[,b
```

```
lock.name])))
          } else {
            blocks.col <- 1 # black
          }

          data2 <- data
          if(jitter.Y.in.cor.plot) {
            data2[,Y.name] <- jitter(data2[,Y.name])
            par.cor.plot.text <- "Parallel coordinates plot
(with Jitter)"
          } else {
            par.cor.plot.text <- "Parallel coordinates
plot"
          }

          # adding a Parallel coordinates plot
          matplot(as.matrix(reshape(data2,  idvar=X.name,
timevar=block.name,

direction="wide")[,-1])  ,
                  type = "l",  lty = 1, axes = FALSE,
ylab = Y.name,
```

```
                    xlim = plot.xlim,
                    col = blocks.col,
                    main = par.cor.plot.text)
        axis(1, at = X.for.plot , labels = X.names) #
plot X axis
        axis(2) # plot Y axis
        points(tapply(data[,Y.name], data[,X.name],
median) ~ X.for.plot, col = "red",pch = 4, cex = 2, lwd =
5)

    }


    if(to.plot.boxplot)
    {
        # first we create a function to create a new Y, by
substracting different combinations of X levels from each
other.
        subtract.a.from.b <- function(a.b , the.data)
        {
          the.data[,a.b[2]] - the.data[,a.b[1]]
        }


        temp.wide <- reshape(data,  idvar=X.name,
```

```
timevar=block.name,
                        direction="wide")    #[,-1]
    wide.data <- as.matrix(t(temp.wide[,-1]))
    colnames(wide.data) <- temp.wide[,1]


    Y.b.minus.a.combos <- apply(with(data,combn(le
vels(data[,X.name]), 2)), 2, subtract.a.from.b, the.data
=wide.data)
    names.b.minus.a.combos <- apply(with(data
,combn(levels(data[,X.name]), 2)), 2, function(a.b)
{paste(a.b[2],a.b[1],sep=" - ")})


    the.ylim <- range(Y.b.minus.a.combos)
    the.ylim[2] <- the.ylim[2]
max(sd(Y.b.minus.a.combos))    # adding some space for the
labels
    is.signif.color <- ifelse(The.post.hoc.P.values <
.05 , "green", "grey")


    boxplot(Y.b.minus.a.combos,
            names = names.b.minus.a.combos ,
            col = is.signif.color,
```

```
               main = "Boxplots (of the differences)",
               ylim = the.ylim
        )
        legend("topright", legend =
paste(names.b.minus.a.combos, rep(" ; PostHoc P.value:",
number.of.X.levels),round(The.post.hoc.P.values,5)) , fill =
is.signif.color )
        abline(h = 0, col = "blue")


    }


    list.to.return <- list(Friedman.Test = the.sym.test,
PostHoc.Test = The.post.hoc.P.values)
    if(to.print.friedman) {print(list.to.return)}
    return(list.to.return)


  } else {
    print("The results where not significant, There is
no need for a post hoc test")
    return(the.sym.test)
  }
}
```

```
# Original credit (for linking online, to the package that
performs the post hoc test) goes to "David Winsemius",
see:

# http://tolstoy.newcastle.edu.au/R/e8/
help/09/10/1416.html
}
```

해당 함수가 오류 없이 잘 실행되었다면, 이제 함수를 사용해
서 사후 검정을 해 보도록 하겠습니다.

```
> friedman.test.with.post.hoc(value~X2 | X1, RT2)
Loading required package: multcomp
Loading required package: mvtnorm
Loading required package: TH.data
Loading required package: MASS

Attaching package: 'TH.data'
The following object is masked from 'package:MASS':


    geyser
Loading required package: colorspace
```

$Friedman.Test

    Asymptotic General Symmetry Test

data: value by
    X2 (Narrow Angle, Round Out, Wide Angle)
    stratified by X1
maxT = 3.2404, p-value = 0.003436
alternative hypothesis: two.sided

$PostHoc.Test

Round Out - Narrow Angle 0.623929693
Wide Angle - Narrow Angle 0.053760373
Wide Angle - Round Out   0.003376327
$Friedman.Test

    Asymptotic General Symmetry Test

data: value by

```
    X2 (Narrow Angle, Round Out, Wide Angle)
    stratified by X1
maxT = 3.2404, p-value = 0.003385
alternative hypothesis: two.sided



$PostHoc.Test


Round Out - Narrow Angle  0.623929693
Wide Angle - Narrow Angle 0.053760373
Wide Angle - Round Out    0.003376327
```

세 반복 조건에서 만들어지는 3개의 조합 각각에 대해 $p-$ 값이 계산된 것을 볼 수가 있습니다. Round Out $-$ Narrow Angle은 $p-$값이 0.623917393으로 0.05보다 크니, 분포 중심의 차이가 있다고 보기 어렵군요. Wide Angle $-$ Narrow Angle 은 0.053760373으로 간소한 차이로 0.05보다 큽니다. 그래프 상에서 차이가 있을 듯 말듯 하더니, 통계적으로 의미 있는 차이라고 보기 어렵다는 결론을 얻었군요. 마지막으로 Wide Angle $-$ Round Out에서 $p-$값이 0.003376327로 0.05보다 작게 나왔습니다. 통계적으로 두 반복 조건에 따른 결과의 분포 중심은 차이가 있다는 것이 입증되었군요. 이 조합의 차이 때문에 앞서 실행했던 프리드먼 검정에서 $p-$값이 0.05보다 작게 나왔나 봅니다.

이번 강의에서는 크게 두 가지 방법, 일원 배치 반복 분산 분석과 프리드먼 검정에 대해 살펴봤습니다. 지금까지 다루지 않았던 구형성에 대한 이야기가 더해져서 조금 어려운 내용이 아니었을까 걱정이 앞섭니다. 처음 접하는 코드는 늘 어렵기 마련입니다. 서두르지 마시고, 복사 후 붙여 넣기를 시작으로 변수명만 살짝 살짝 교정해 가면서 낯선 코드를 정복해 보시기 바랍니다.

11강 두 변수가 서로 상관 있는지 알아보기
상관 분석

두 변수 간 관계성이 얼마나 큰가를 알아볼 때 사용하는 상관 분석(correlation analysis)은 회귀 분석(regression analysis)으로 가기 위해 꼭 거쳐야 하는 관문입니다. 상관 없는 회귀는 그야말로 팥소 없는 붕어빵과도 같죠. 이번 장에서 가장 중요하게 알고 넘어가야 할 점은 딱 하나입니다. 상관 계수(correlation coetticient)가 어떤 의미냐는 것이지요. 이것을 확실히 알고 넘어가야, 다음에 알아볼 회귀 계수(regression coetticient)에서 혼란을 겪지 않을 수 있습니다.

두 변수가 서로 상관이 있는지 알아보기

상관 분석을 위해 먼저 UsingR 패키지를 설치하도록 하겠습니다. 수업을 진행하다 보면 패키지를 설치만 하고 library() 함수를 시행하지 않은 상태에서 패키지 안의 함수가 작동하지 않는다고 손을 드는 학생들이 자주 있습니다. 패키지 설치 후에는 library() 또는 require() 함수를 사용해서, 패키지를 실행해야 한다는 점을 늘 유념하시기 바랍니다.

```
> ########## Corelation test #############
> install.packages("UsingR")
> library(UsingR)
Loading required package: MASS
Loading required package: HistData
Loading required package: Hmisc
Loading required package: lattice
Loading required package: survival
Loading required package: Formula
Loading required package: ggplot2


Attaching package: 'Hmisc'
The following objects are masked from 'package:base':

    format.pval, units


Attaching package: 'UsingR'
The following object is masked from 'package:survival':

    cancer
```

이번 실습에서 사용할 예제는 골턴(galton)이라는 데이터입니다. 거의 모든 통계 교과서에서 상관 분석의 예제로 이 데이터를 이용하는데요. 상관 분석의 아버지라고 일컬어지는 프랜시스 골턴(Francis Galton)이 취합한 데이터 중 하나가 부모와 자녀의 키에 대한 상관 관계를 보고자 했던 바로 이것이기 때문입니다. 먼저 데이터를 불러와서 내용을 살펴보도록 하겠습니다.

```
> data("galton")
> str(galton)
'data.frame':    928 obs. of  2 variables:
 $ child : num  61.7 61.7 61.7 61.7 61.7 62.2 62.2 62.2
62.2 62.2 ...
 $ parent: num  70.5 68.5 65.5 64.5 64 67.5 67.5 67.5 66.5
66.5 ...
> View(galton)
```

2개의 변수(variable)로 구성된 928개의 데이터가 담겨 있군요. 열의 이름은 각각 child와 parent입니다. child 열은 당연히 자녀의 키를 나타내고요. parent 열은 아버지와 어머니 키의 산술 평균을 나타냅니다. 아버지와 어머니의 키를 각각 주었다면, 더 다양한 연구가 가능했을 텐데 하는 아쉬움이 남네요.

그래프로 상관 관계 살펴보기

상관 계수를 구하기 전에 먼저 그래프를 그려 보도록 하겠습니다.

```
> plot(child~parent, data =galton)
```

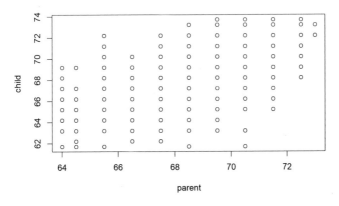

부모 키와 자녀 키의 상관 분포.

무척 쉽게 그려졌네요. 그런데 눈썰미가 좋은 분은 이상한 점 두 가지를 발견하셨을 텐데요. 하나는 동그란 점들의 명암이 같지 않다는 겁니다. 눈을 크게 뜨고 보면, 가운데 쪽의 동그란 점이 더 진한 검은색임을 알 수 있습니다. 두 번째로 이상한 점은 좀 더 찾기가 어렵습니다. 전체 관찰값의 개수가 928개였는데, 검은 동그라미의 개수는 그보다 훨씬 못 미친다는 거지요. 여기까지 이야기를 들으면 눈치채는 분들이 생기는데요. 가운데 동그란 점은 여러 개의 데이터가 중첩되어 있어서 더 진하게 보이는 겁니다. 키나 몸무게에 대한 예전 자료를 보다 보면, 이렇게 연속형 변수임에도 등간 척도처럼 그래프가 그려지는 경우가 더러 있습니다. 키가 170센티미터로 딱 떨어지는 경우는 무척 드물테지만, 170.12센티미터이든, 169.83센티미터이든 관찰자가 대개 5밀리미터 단위로 키를 기록하기 때문에 발생하는 일입니다. 그래서 이런 데이터는 약간의 양념을 쳐서 표현하는 게 직관적인 설명에 더욱 도움이 됩니다.

```
> plot(jitter(child,5)~jitter(parent,5), galton)
```

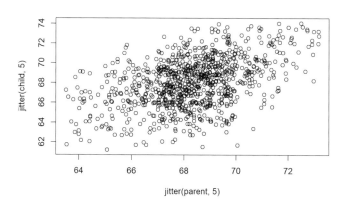

jitter 함수를 사용해 겹친 값들을 흩어 놓은 모습.

바로 jitter() 함수를 써서 겹친 데이터들을 임의로 조금 흔들어 주는 겁니다. 5라는 숫자는 흔들어 주는 세기를 조절하는 옵션값입니다. 5를 4 또는 3으로 바꾸면서 결과를 비교해 보시기 바랍니다. 이외에도 sunflowerplot() 함수를 이용하는 방법도 있습니다.

> sunflowerplot(galton)

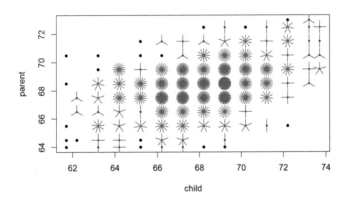

해바라기 플롯을 이용해 상관 분포를 나타낸 모습.

해바라기 모양의 꽃잎으로 중첩된 관찰값의 개수를 표현해 주는 방법입니다. 이렇게 그래프를 변형해 보니, 처음 그렸던 그래프보다 훨씬 상관 관계가 잘 느껴짐을 아실 수 있을 겁니다. 그렇다면 이제 어느 정도의 상관성을 가지는지 상관 계수를 구해 보도록 하겠습니다.

상관 계수 구하기

상관 계수를 구하는 코드는 아래와 같습니다. 아주 간단하죠?

```
> cor.test(galton$child, galton$parent)

    Pearson's product-moment correlation

data:   galton$child and galton$parent
t = 15.711, df = 926, p-value < 2.2e-16
alternative hypothesis: true correlation is not equal to
0
95 percent confidence interval:
 0.4064067 0.5081153
sample estimates:
     cor
0.4587624
```

상관 계수가 0.4587624로 계산된 것을 확인할 수 있습니다. 참고로, 이후에 나오는 회귀 분석에서 나타나는 R^2은 설명력을 나타냅니다. 특히 단순 회귀 분석의 설명력은 상관 계수를 제곱한 값이니 $0.4587624^2 = 0.2104629$이고, 우리는 부모의 키로 자녀

키의 21퍼센트를 설명할 수 있음을 확인했습니다.

상관 그래프를 대표하는 선 추가하기

위에 그려 놓은 상관 그래프를 보다 보면, 양의 상관 관계를 대표하는 직선 하나를 추가하고 싶은 생각이 듭니다. 엄밀히 말하면 해당 내용은 회귀 분석이지만, 넘어진 김에 쉬어 간다고(?) 골턴 데이터를 본 김에 해당 데이터 세트에 단순 회귀선을 만들어서 그래프에 추가해 보도록 하겠습니다. 여기서 필요한 함수는 선형 모형(linear model)의 약자를 이름으로 쓰는 lm() 함수입니다.

```
> out = lm(child~parent, data= galton)
> summary(out)

Call:
lm(formula = child ~ parent, data = galton)

Residuals:
    Min      1Q  Median      3Q     Max
 -7.8050 -1.3661  0.0487  1.6339  5.9264

Coefficients:
```

```
              Estimate Std. Error t value    Pr(>|t|)
(Intercept) 23.94153     2.81088    8.517  <2e-16 ***
parent       0.64629     0.04114   15.711  <2e-16 ***
---
Signif. codes:  0 '***' 0.001 '**' 0.01 '*' 0.05 '.' 0.1 ' '
1

Residual standard error: 2.239 on 926 degrees of freedom
Multiple R-squared:  0.2105,     Adjusted R-squared:
0.2096
F-statistic: 246.8 on 1 and 926 DF,  p-value: < 2.2e-16
```

결과를 살펴보면, (Intercept) 값과 부모(parent)의 Estimate 값이 있습니다. 전자가 y 절편이고, 후자가 회귀 계수, 즉 직선의 기울기가 됩니다. 이를 $y = ax + b$의 공식으로 표현해 보면 아래와 같습니다.

$$y = 0.64629\,x + 23.94153$$

해당 직선을 그래프에 올리는 방법은 일단 plot() 함수를 이용해서 그래프를 그리고 연달아 abline() 함수로 직선을 추가하는 겁니다. R에서의 그래프는 늘 이렇게 한 줄 한 줄 추가하면서 그림

을 만들어 가는 방식이니, 이번 기회에 맛보기로 알아 두면 좋을
것 같습니다.

```
> plot(jitter(child,5)~jitter(parent,5), galton)
> abline(out, col ="red")
```

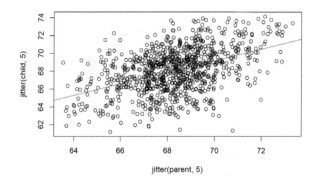

상관 분포도에 상관 1차 함수를 추가한 모습.

12강 하나의 요인으로 현상을 설명하기
단순 회귀 분석

상관 분석에 이어 이번 강의에서 알아볼 내용은 통계의 꽃이자, 요즘 4차 산업 시대의 가장 큰 화두인 인공 지능 개발의 기초가 되는 회귀 분석입니다. 관찰값들의 분포를 설명하는 것에서 한발 더 나아가서, 다음 관찰값들이 어떻게 관찰될지에 대한 예측으로 연결되는 것이지요. 수를 좋아하고, 저를 따라 R을 가지고 여기까지 잘 따라온 분이라면 통계 연구를 넘어 인공 지능 연구까지도 해낼 수 있는 소양이 충분하다고 자신합니다. 이번 장부터 조금 어려워질 테지만 당황하지 마시고 천천히 따라오시기 바랍니다.

키로 몸무게를 예측하는 방법

하나의 독립 변수로 또 다른 종속 변수(결과 변수)를 예측하는 것이 회귀 분석 중에서 가장 쉬운 단순 선형 회귀 분석입니다. 모든 현상이 이렇게 단순하면 좋겠지만, 대개 우리가 실제 연구에서 관심을 두는 종속 변수(결괏값)가 하나의 독립 변수로 충분히 설명되는 경우는 거의(라고 쓰고 아예라고 읽습니다.) 없습니다. 대개 적게는 서너 개에서 이보다 훨씬 많은 독립 변수들을 고려해야 종속 변수가 그나마 예측이 되지요. 그래서 실제 임상 연구에서 쓰는 회귀 분석은 대부분 다중 회귀 분석입니다. 하지만 첫술에 배부를 수 없으니, 이번 장에서는 상관 관계가 무척 큰 키와 몸무게라는 변수 2개를 가지고 단순 선형 회귀 분석부터 배워 보도록 하겠습니다.

　이번 장에서 사용할 예제는 women이라는 데이터 세트입니다. RStudio에 내장되어 있는 데이터 ˙세트이므로, 단순히 women이라고 쳐서 한 줄을 실행시켜 보면 15개(명)의 관찰값들로 구성된 키와 몸무게 데이터를 볼 수 있습니다. 미국 데이터라서 키는 인치, 몸무게는 파운드 단위입니다.

```
> ###### 단순 선형 회귀 연습용 예제 데이터 ########
> women
   height weight
1      58    115
2      59    117
3      60    120
4      61    123
5      62    126
6      63    129
7      64    132
8      65    135
9      66    139
```

10	67	142
11	68	146
12	69	150
13	70	154
14	71	159
15	72	164

바로 그래프를 그려 보도록 합시다.

```
> plot(weight~height, data=women)
```

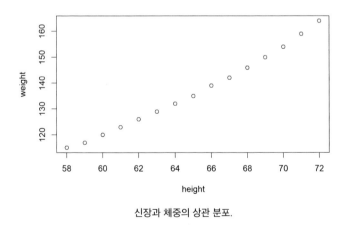

신장과 체중의 상관 분포.

누가 봐도 상관성이 뚜렷한 데이터군요. 복습 삼아 키와 몸무게의 상관 계수를 구해 보도록 하겠습니다.

```
> cor.test(women$height, women$weight) # 상관 계수 구하는
함수

        Pearson's product-moment correlation

data:  women$height and women$weight
t = 37.855, df = 13, p-value = 1.091e-14
alternative hypothesis: true correlation is not equal to
0
95 percent confidence interval:
 0.9860970 0.9985447
sample estimates:
      cor
0.9954948
```

상관 계수가 0.9954948이니, 정말 상관이 크군요. 상관 계수를 제곱한 설명력이 0.9910099이니, 키와 몸무게는 서로를 99.1퍼센트나 설명한다는 것을 알 수 있습니다. 그러면 이제 관찰값을 표시하는 좌표들과 이 사이를 지나는 직선과의 수직적 길이를 가장 짧게 하는 최소 제곱법을 이용해 선형 모형을 만들어 보도록

하겠습니다. 여기에 이용되는 함수는 lm()입니다.

> fit <- lm(weight~height, data=women) *#fit이라는 변수에 선형 모형을 만들어서 담아 줍니다.*
> summary(fit) *#-87.51667은 y절편. #summary() 함수를 통해 fit 변수 안에서 y 절편과 기울기를 확인합니다.*

Call:
lm(formula = weight ~ height, data = women)

Residuals:
    Min   1Q Median   3Q   Max
-1.7333 -1.1333 -0.3833 0.7417 3.1167

Coefficients:
              Estimate Std. Error t value Pr(>|t|)
(Intercept) -87.51667   5.93694 -14.74 1.71e-09 ***
height   3.45000   0.09114   37.85 1.09e-14 ***

Signif. codes: 0 '***' 0.001 '**' 0.01 '*' 0.05 '.' 0.1 ' '
1

```
Residual standard error: 1.525 on 13 degrees of freedom
Multiple R-squared:  0.991, Adjusted R-squared:  0.9903
F-statistic:  1433 on 1 and 13 DF,  p-value: 1.091e-14
```

최소 제곱법을 통해 계산된 직선은 $y=3.45x-87.51667$임을 알 수 있습니다. 이제 관찰값 그래프를 위해 선형 회귀 모형을 올려 보도록 하겠습니다.

```
> plot(weight~height, data=women)
> abline(fit, col="blue")   # 해당 선형 모형(직선)을 전체 그래프
위에 덮어 올려 줍니다.
```

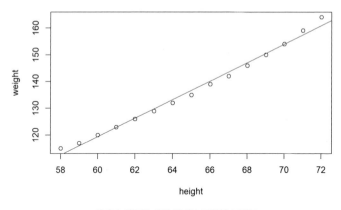

신장과 체중을 선형 관계로 표현한 그래프.

올려진 직선이 관찰값들을 잘 대변해 주는 것 같습니다. 그렇

다면 해당 선형 모형을 선택하고 회귀 분석을 마치면 될까요? 그렇지 않다는 게 회귀 분석의 어려운 점입니다. 회귀 모형을 최종적으로 선택(인정이라는 표현이 더 잘 어울릴 수도 있겠네요.)하기 위해서는 데이터가 모형을 신뢰할 수 있는 기본 가정을 만족하는지 다시 살펴야 하거든요. 최소 제곱법을 이용한 선형 모형은 전혀 상관이 없는 2개의 변수 사이에서도 계산할 수 있습니다. 구한 선형 모형을 인정할지 말지가 오히려 더 중요한 문제인 거죠. 지금부터는 최소 제곱법으로 추정한 선형 회귀 모형을 수용하기 위해서 어떤 기본 가정들을 확인해야 하는지 살펴보도록 하겠습니다.

<u>13강</u> 회귀 모형을 받아들이기 위한 기본 가정 익히기

12강에서 회귀식을 구했다고 끝이 아니라, 회귀 분석의 시작이 거기서부터라고 설명했습니다. 이번 장에서는 회귀식을 받아들이기 전에 만족하는지 필히 확인해야 하는 회귀 모형에 대한 기본 가정들을 알아보도록 하겠습니다.

최소 제곱법으로 추정한 선형 회귀 모형을 수용하기 위한 기본 가정

선형 회귀 모형을 받아들이기 위해서는 다음 네 가지의 기본 가정을 모두 만족해야 합니다. 이 가정이 중요한 까닭은 다음 페이지에서 이야기하는 회귀 모형은 모두 해당 데이터가 네 가지 가정을 만족한다는 가정 아래 성립되기 때문입니다. 통계 초심자들이 많이 하는 실수 중 하나가 가정의 만족 여부를 확인하지 않고 구한 회귀 모형으로 데이터의 예측 모형을 제시한다는 것입니다. 이런 실수가 많아 학술지의 리뷰어들은 회귀 모형을 사용한 논문을 받으면 제일 먼저 가정 충족 여부를 확인했는지부터 검증합니다. 중요성에 대해 이만큼 설명했으니, 이제 본격적으로 이야기를 시작하겠습니다.

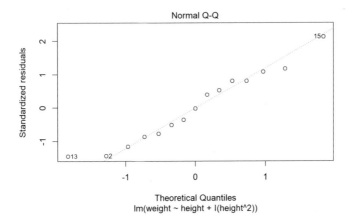

잔차들이 정규성을 만족한다면, 점들이 가운데 45도 점선 위로 수렴하게 됩니다.

① 정규성: 평균 비교에서도 늘 했던 것처럼 정규성 가정의 성
립 유무는 회귀 모형을 결정할 때도 중요한 이슈입니다. 선형
회귀 모형을 받아들이기 위해서는 잔차의 정규성을 가정할
수 있어야 합니다. 모든 독립 변숫값에 대한 종속 변숫값들의
분포가 정규 분포를 이루어야 한다는 것이지요. 선형 회귀 모
형에서는 조금 뒤에 알아볼 Normal Q-Q 곡선을 통해 잔
차의 정규성을 확인해 볼 수 있습니다.

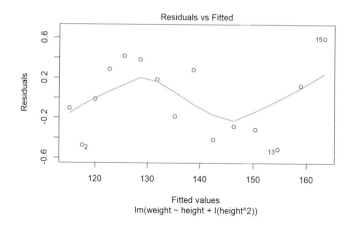

Residuals vs Fitted

lm(weight ~ height + I(height^2))

선형성을 만족한다면, 이렇게 무작위한 모습을 나타내게 됩니다.

② 선형성(linearity): 실제로 독립 변수(원인)와 종속 변수(결과)가 선형성의 상관 관계를 가지는지 확인해야 한다는 의미입니다. $y=x$의 상관 관계가 아닌, $y=x^2$의 관계가 성립하는 독립 변수와 종속 변수의 관계를 선형 모형을 통해 분석한다면 독립 변수의 크기가 커질수록 종속 변수에 대한 모형의 예측값이 실제값에서 많이 차이가 나게 되겠죠. 이런 상황이라면 뒤에 배울 다항 회귀 분석을 활용하는 등의 방법으로 회귀 분석을 수행해야 합니다. 선형성을 만족한다면 잔차가 위 그래프처럼 어떠한 패턴 없이 무작위하게 나타납니다. 만약 특정한 패턴을 보인다면 선형성을 만족하지 못하니, 다른 회귀 분석 방법을 모색해야 합니다.

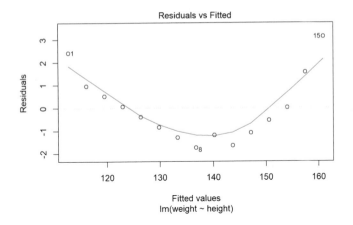

Residuals vs Fitted

Im(weight ~ height)

만약 잔차가 'U'자 형태의 패턴을 보인다면
선형성을 만족하지 못함을 의미합니다.

③ 독립성(independence): 종속 변수(결과)가 서로에게 영향을
미치지 않고 독립적이어야 한다는 이야기입니다. 이런 경우
는 무척 드물지만, 관찰 기간이 짧은 시간에 집중되면 여러 이
유로 말미암아 독립성이 무너질 수 있습니다. 이건 연구자가
유념해서 살펴야 하는 부분으로 그래프나 통곗값 등을 통해
검증하지는 않습니다.

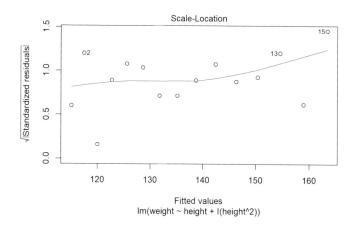

등분산성을 만족한다면 빨간 선 주변으로
무작위 분포를 보이게 됩니다.

ⓘ 등분산성(homoscedasticity): 잔차가 예측값을 기준으로 동일한 표준 편차를 가지고 있어야 한다는 것을 의미합니다. 평균 비교에서의 기본 가정과 마찬가지로 등분산성을 가진다는 가정 하에 선형 모형을 받아들이는 것이므로, 등분산성의 여부를 필히 확인해야 합니다. 이는 예측값과 표준 편차의 그래프를 통해 확인할 수 있습니다. 등분산성을 만족한다면, 위 그림에서처럼 표준 편차가 수평선 주위로 무작위 분포를 보입니다.

기본 가정을 확인해 보는 가장 쉬운 방법

기본 가정을 하나씩 계산하고 그래프를 그려야 한다면 너무 어렵겠죠. 하지만 다행히 lm() 함수를 통해 얻은 선형 모형을 plot() 함수에 담기만 하면 4개의 그래프를 자동으로 만들어서 보여 줍니다. 아래 명령어를 실행하면 우측 하단의 콘솔 창에 Hit ⟨Return⟩ to see next plot: 이라는 문구만 보이고, 그래프가 나타나지 않습니다. 콘솔 창을 한 번 클릭해서 작업 공간을 콘솔 창으로 이동한 이후에 return(또는 enter) 키를 한 번씩 누르면 총 4개의 그래프가 순서대로 나타나는 모습을 확인할 수 있습니다.

```
> fit <- lm(weight~height, data=women)   #fit이라는 변수에
선형 모형을 만들어서 담아 주고
> plot(fit)   #fit에 담긴 선형 모형을 plot() 함수에 넣어 주기만
하면 됩니다.
```

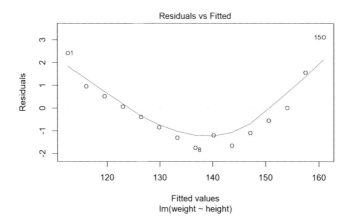

① 선형성을 확인하기 위한 예측값에 따른 잔차의 분포를 보여 주는 그래프.

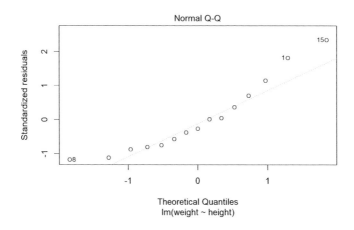

② 정규성 확인을 위한 Normal Q-Q 그래프.

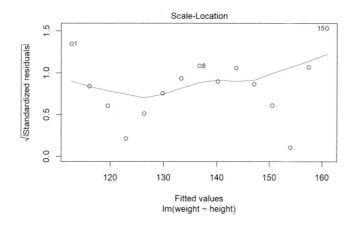

③ 예측값에 대한 표준 편차 그래프.

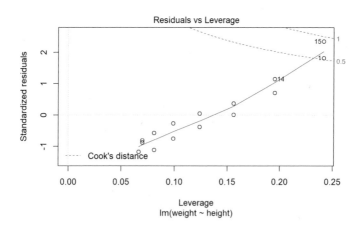

④ 영향력이 큰 관찰값들에 대한 그래프.

첫 번째로 나타나는 그래프는 선형성을 확인하기 위해 예측값에 따른 잔차의 분포를 보여 주는 그래프이며, 두 번째 그래프는 정규성 확인을 위한 Normal Q−Q 그래프, 세 번째 그래프는 등분산성을 확인할 수 있는 예측값에 대한 표준 편차 그래프, 네 번째 그래프는 15강에서 설명할 영향력이 큰 관찰값들에 대한 그래프입니다.

해당 검토를 통해서, 우리는 신장에 따른 체중의 관계가 첫 번째 그래프를 통해 선형성을 만족하지 않으며, 두 번째 그래프를 통해 잔차의 정규성을 만족하지도 못한다는 사실을 알았습니다. 때문에 조금 쉽게 구했던 $y=3.45x-87.51667$이라는 선형 모형을 수용할 수 없다는 결론에 도달한 것입니다.

다항 회귀 분석을 통한 해결

하지만 다행히도 우리는 첫 번째 그래프의 'U'자 패턴을 통해, 신장과 체중의 관계가 직선이 아닌 곡선, 즉 다항 회귀($y=x^2+b$ 또는 $y=x^3+b$ 등)에 더 적합할 수 있겠다는 단초를 발견했습니다. 다항 회귀 모형을 만드는 코드는 아래와 같습니다.

```
> fit2 <- lm(weight~height + I(height^2), data=women)
#fit2라는 변수를 만들어서 다항 회귀 모형을 담습니다.
> summary(fit2)
```

```
Call:

lm(formula = weight ~ height + I(height^2), data = women)


Residuals:

    Min       1Q   Median       3Q      Max
-0.50941  -0.29611 -0.00941  0.28615  0.59706


Coefficients:

              Estimate Std. Error t value   Pr(>|t|)
(Intercept)  261.87818   25.19677  10.393   2.36e-07 ***
height        -7.34832    0.77769  -9.449   6.58e-07 ***
I(height^2)    0.08306    0.00598  13.891   9.32e-09 ***
---

Signif. codes:  0 '***' 0.001 '**' 0.01 '*' 0.05 '.' 0.1 ' '
1


Residual standard error: 0.3841 on 12 degrees of freedom
Multiple R-squared:  0.9995,    Adjusted R-squared:
0.9994
F-statistic: 1.139e+04 on 2 and 12 DF,  p-value: < 2.2e-16
```

계산된 설명력 0.9994(99.94퍼센트)를 보면, 선형 모형으로 데이터를 설명했을 때의 0.9903(99.03퍼센트) 설명력보다 더 높은 것을 알 수가 있습니다. 모형이 데이터에 더 적합해지니 모형을 통한 데이터의 설명력도 증가한 것이지요.

> plot(weight~height, data=women)   # 신장과 체중의 분포를 먼저 그려 주고,
> lines(women$height, fitted(fit2), col='red')   # 데이터의 분포 위에 우리가 추정한 다항 회귀 모형을 빨간색 실선으로 올리는 코드입니다.

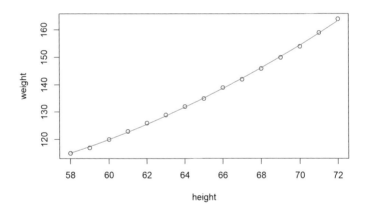

다항 회귀 모형이 선형 모형일 때보다 데이터를 더 잘 설명함을 알 수 있다.

실제로 우리가 구한 다항 회귀 모형을 겹쳐 그려 보면, 선형 모형을 올렸을 때보다 더 많은 데이터들을 더 가깝게 지나감을 알 수 있습니다. 하지만 이번에도 다항 회귀 모형을 바로 수용하기 전에 기본 가정에 대한 검토가 필요합니다. plot() 함수에 우리가 구한 다항 회귀 모형 fit2를 넣어 보도록 하겠습니다.

```
> plot(fit2)
```

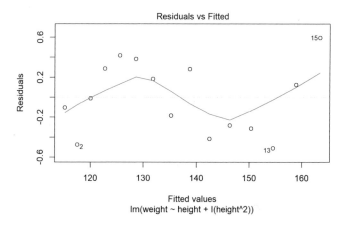

선형성 가정을 만족함을 보여 주는 무작위 패턴의 그래프.

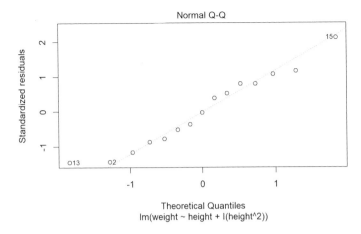

잔차들의 정규성이 만족되지 않음을 보여 주는 그래프.

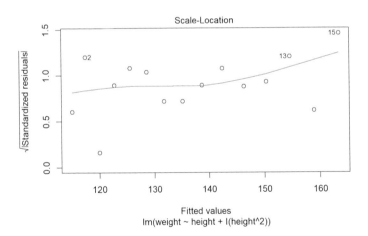

등분산성 가정을 만족함을 보여 주는 무작위한 패턴의 그래프.

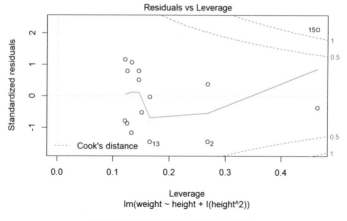

영향력이 큰 관찰값들을 보여 주는 그래프.

첫 번째 그래프의 'U'자 패턴이 사라지고 무작위 형태로 바뀌었음을 확인할 수 있습니다. 두 번째 그래프에서도 잔차의 정규성이 더 향상된 모습이고요. 세 번째 그래프에서의 등분산성 또한 무작위한 형태를 잘 유지하고 있습니다.

기존 전제와 별도로 한 번 더 신경 써야 하는 부분: 영향력이 큰 관찰값에 대한 검토

가정을 만족했다고 하더라도, 한번 더 검토가 필요한 부분이 바로 네 번째 그래프인 영향력이 큰 관찰값들입니다. 잔차가 큰 관찰값들이 문제가 있다는 게 아닙니다. 잔차, 즉 예측값과 관찰값의 차이가 큰 경우가 회귀 모형의 기울기에 실제로 큰 영향을 미치니, 그 값들의 진위를 한번 확인하자는 거죠. 간혹 100을 적는다는 게 '0'을 하나 빠뜨려 10이 된다거나 하면 뜻하지 않게 잔차가 커지고 그런 값들이 회귀 모형에 영향을 줄 수 있으니까요. 그래서 영향력이 큰 잔차에 대한 검토는 '영향력이 큰 잔차를 제거해서 회귀 모형을 통한 설명력을 높이자.'라는 목적이 아니라, '영향력이 큰 잔차는 다시 한번 주의 깊게 살펴보자.' 정도로 생각하고 접근해야 합니다.

앞에서 살펴봤던 4개의 그래프 중 마지막 그래프가 바로 영향력이 큰 잔차를 가진 관찰값들을 살펴보기 위한 그래프입니다. 물론 이 그래프도 훌륭하긴 하지만 더 좋은 그래프가 있어서 이 그래프에 대한 설명은 건너뛰고, 영향력이 큰 잔차(이상 관측치)를 선별하기 위한 여러 기준에 대해 14강에서 더 자세히 잠시 알아본 뒤 다시 설명하도록 하겠습니다.

＊   13강의 내용은 로버트 I. 카바코프(Robert I. Kabacoff)의 *R in action*(Second edition), Manning Publications, 2015를 참고했음.

<u>14강</u> 여러 요인을 통해 현상 분석하기
다중 회귀 분석

선형 회귀나 다항 회귀 분석 정도로 모든 현상을 설명할 수 있으면 좋겠지만, 우주 만물의 이치가 그렇게 간단하지 않아서 하나의 요인(독립 변수)으로 현상(결과 변수)을 설명하기란 불가능에 가깝습니다. 고려해야 할 요인이 많아지면 분석이 복잡해지는 불편함은 따르지만, 대신 데이터 안 깊숙이 숨어 있는 진실에 가까이 다가설 기회가 되기도 하죠. 운동량과 근육 증가량에 대한 산포도를 한 가지 예로 살펴보도록 하겠습니다.

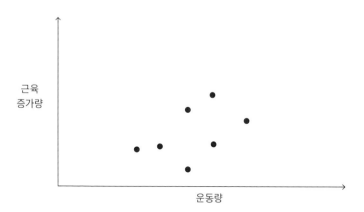

해당 관찰값들의 분포를 보면, 딱히 x축의 운동량 변동이 y축의 근육 증가량에 영향을 준다고 보이지 않습니다. 운동량이 많나 적으나 근육 증가량의 변동이 거의 없으니까요. 하지만 아래 관찰값 중에서 파란색 4개에 해당하는 대상자가 남자였고, 빨간색 3개는 여자였다면 어떨까요?

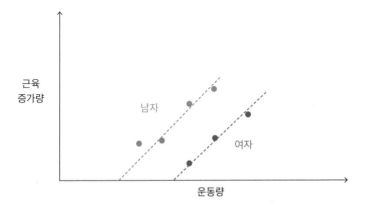

전체 데이터를 한꺼번에 살펴봤을 때와는 달리 교란 변수(성별)를 통제한다면 운동량과 근육 증가량 사이에 의미 있는 차이가 있음이 느껴집니다. 때문에 단순 선형 회귀 분석에서는 의미를 찾기 어려웠던 변수들의 관계가 다중 회귀 분석에서는 의미를 찾을 수 있는 거죠.

실제로 수명을 결과로 놓고 이를 분석하고자 한다면 흡

연량, 운동량, 음주량, 부모 수명, 혈당, 혈압, 체중, 신장, 허벅지 둘레, 성별 등 정말 많은 변수를 고려해야 할 겁니다. 변수가 많아질수록 고려해야 할 점도 많아지겠죠. 14강에서는 이렇게 독립 변수가 여러 개인 상황에서 각각의 변수에 대한 회귀 계수를 구하고, 전체 예측 모형(다중 회귀 모형)을 추정하는 방법에 대해 살펴보도록 하겠습니다.

지역별 살인 사건 발생률에 대한 원인을 분석하기

RStudio에 내장된 데이터 중 State.x77이라는 데이터 세트는 미국 50개 주들의 인구수(Population)와 수입(Income), 문맹률(Illiteracy), 기대 수명(Life Exp) 등을 포함하고 있습니다. 해당 데이터 세트에서 살인 사건 발생률(Murder)과 인구수, 문맹률, 수입, 결빙일(Frost)만을 따로 추려서 states라는 변수에 담아 보도록 하겠습니다.

```
> state.x77
```

	Population	Income	Illiteracy	Life Exp	Murder	HS Grad	Frost
Alabama	3615	3624	2.1	69.05	15.1	41.3	20
Alaska	365	6315	1.5	69.31	11.3	66.7	152
Arizona	2212	4530	1.8	70.55	7.8	58.1	15
Arkansas	2110	3378	1.9	70.66	10.1	39.9	65

California	21198	5114	1.1	71.71	10.3	62.6	20
Colorado	2541	4884	0.7	72.06	6.8	63.9	166
Connecticut	3100	5348	1.1	72.48	3.1	56.0	139
Delaware	579	4809	0.9	70.06	6.2	54.6	103

⋮

중략

⋮

Oregon	2284	4660	0.6	72.13	4.2	60.0	44
Pennsylvania	11860	4449	1.0	70.43	6.1	50.2	126
Rhode Island	931	4558	1.3	71.90	2.4	46.4	127
South Carolina	2816	3635	2.3	67.96	11.6	37.8	65
South Dakota	681	4167	0.5	72.08	1.7	53.3	172
Tennessee	4173	3821	1.7	70.11	11.0	41.8	70
Texas	12237	4188	2.2	70.90	12.2	47.4	35
Utah	1203	4022	0.6	72.90	4.5	67.3	137
Vermont	472	3907	0.6	71.64	5.5	57.1	168
Virginia	4981	4701	1.4	70.08	9.5	47.8	85
Washington	3559	4864	0.6	71.72	4.3	63.5	32
West Virginia	1799	3617	1.4	69.48	6.7	41.6	100
Wisconsin	4589	4468	0.7	72.48	3.0	54.5	149
Wyoming	376	4566	0.6	70.29	6.9	62.9	173

```
> states <- as.data.frame(state.x77[ , c(("Murder","Populatio
n","Illiteracy","Income","Frost")])   #states.x77 데이터 세트에서
모든 행을 포함하되, 열에서는 살인 사건 발생률, 인구, 문맹률, 수입,
결빙일만을 추려서 states라는 새로운 변수에 담습니다.
> states   #열에 포함된 변수가 줄어들었음을 확인할 수 있습니다.
```

	Murder	Population	Illiteracy	Income	Frost
Alabama	15.1	3615	2.1	3624	20
Alaska	11.3	365	1.5	6315	152
Arizona	7.8	2212	1.8	4530	15
Arkansas	10.1	2110	1.9	3378	65
California	10.3	21198	1.1	5114	20
Colorado	6.8	2541	0.7	4884	166
Connecticut	3.1	3100	1.1	5348	139
Delaware	6.2	579	0.9	4809	103
Florida	10.7	8277	1.3	4815	11
Georgia	13.9	4931	2.0	4091	60
⋮					
중략					
⋮					
Oregon	4.2	2284	0.6	4660	44

Pennsylvania	6.1	11860	1.0	4449	126
Rhode Island	2.4	931	1.3	4558	127
South Dakota	1.7	681	0.5	4167	172
Tennessee	11.0	4173	1.7	3821	70
Texas	12.2	12237	2.2	4188	35
Utah	4.5	1203	0.6	4022	137
Vermont	5.5	472	0.6	3907	168
Virginia	9.5	4981	1.4	4701	85
Washington	4.3	3559	0.6	4864	32
West Virginia	6.7	1799	1.4	3617	100
Wisconsin	3.0	4589	0.7	4468	149
Wyoming	6.9	376	0.6	4566	173

states에 데이터가 잘 담긴 것을 확인했으면, 단순 선형 회귀 분석 때와 마찬가지로 lm() 함수를 이용해서 다중 회귀 모형을 만들어 보겠습니다. 차이라면, 살인 사건 발생률에 대한 원인 변수로 인구수, 문맹률, 수입, 결빙일 이렇게 총 4개를 담는다는 점이죠.

```
> fit = lm(Murder~Population +Illiteracy + Income + Frost ,
data=states) # fit이라는 변수에 다중 회귀 모형을 담습니다.
> plot(fit) # 앞 장에서 살펴보았던 방법으로, fit에 담긴 다중 회귀
모형이 회귀 분석의 기본 가정을 잘 만족하는지 살펴보겠습니다.
```

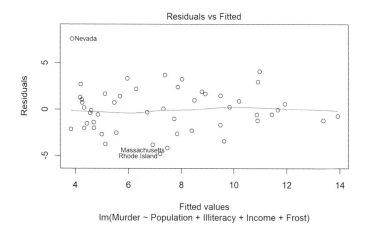

대부분의 관찰값이 선형성 가정 아래 설명이 가능해 보이나,

Nevada, Massachusetts, Rhode Island의 관측값은 설명이 쉽지 않습니다.

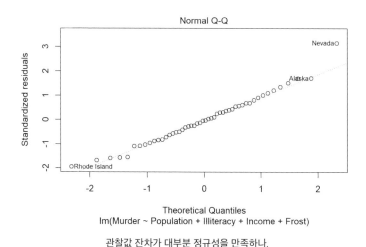

관찰값 잔차가 대부분 정규성을 만족하나,

Nevada, Rhode Island의 잔차는 범위가 크게 벗어나 있습니다.

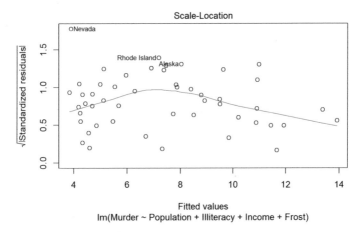

관찰값이 대부분 등분산성을 만족하나,

Nevada, Rhode Island, Alaska 관측값의 분산값은 동일 분포에서 벗어나 있습니다.

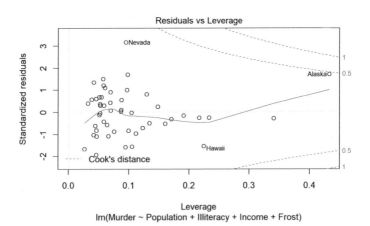

Nevada, Alaska, Hawaii의 관찰값은 눈에 띄게 영향력이 큰 편이어서

수작업으로 확인할 필요가 있어 보입니다.

각각의 그래프를 살펴보면 몇몇 주의 데이터가 유독 눈에 띄기는 하지만, 전체적으로 정규성과 선형성, 등분산성 등을 잘 만족했음을 확인할 수 있습니다. 과학하는 사람이 자신의 직관에 의존해 정규성과 선형성 같이 중요한 부분을 결정한다는 것이 찝찝하신가요? 그렇다면 gvlma 패키지를 이용하시는 것을 추천합니다.

```
> install.packages("gvlma") #먼저 패키지를 설치합니다.


The downloaded binary packages are in
    /var/folders/n8/4fdy5q6n5kn572x6dss6t4kr0000gn/T//
RtmpatzAVi/downloaded_packages
> library(gvlma)      #gvlma 패키지를 실행하고
> gvmodel<-gvlma(fit)   #다중 회귀 모형을 담아 놓은 변수 fit을
gvlma() 함수에 넣어서 만든 결괏값을 gvmodel에 담습니다.
> summary(gvmodel)     #gvmodel에 담긴 값을 summary()
함수를 이용해서 살펴보면 됩니다.


Call:
lm(formula = Murder ~ Population + Illiteracy + Income +
Frost,
    data = states)
```

```
Residuals:
    Min      1Q  Median      3Q     Max
-4.7960 -1.6495 -0.0811  1.4815  7.6210


Coefficients:
              Estimate  Std. Error  t value   Pr(>|t|)
(Intercept)  1.235e+00   3.866e+00    0.319     0.7510
Population   2.237e-04   9.052e-05    2.471     0.0173 *
Illiteracy   4.143e+00    8.744e-0    4.738  2.19e-05 ***
Income       6.442e-05   6.837e-04    0.094     0.9253
Frost        5.813e-04   1.005e-02    0.058     0.9541
---
Signif. codes:  0 '***' 0.001 '**' 0.01 '*' 0.05 '.' 0.1 ' '
1


Residual standard error: 2.535 on 45 degrees of freedom
Multiple R-squared:  0.567,  Adjusted R-squared:  0.5285
F-statistic: 14.73 on 4 and 45 DF,  p-value: 9.133e-08
```

ASSESSMENT OF THE LINEAR MODEL ASSUMPTIONS

```
USING THE GLOBAL TEST ON 4 DEGREES-OF-FREEDOM:
Level of Significance =  0.05


Call:
 gvlma(x = fit)


                        Value p-value                  Decision
Global Stat            2.7728  0.5965 Assumptions acceptable.

Skewness               1.5374  0.2150 Assumptions acceptable.

Kurtosis               0.6376  0.4246 Assumptions acceptable.

Link Function          0.1154  0.7341 Assumptions acceptable.

Heteroscedasticity     0.4824  0.4873 Assumptions acceptable.
```

결과에서 Global Stat에 대한 $p-$값이 0.05 이상이면, 회귀 분석에 필요한 비대칭도(Skewness), 첨도(Kurtosis), 연결 함수(Link Function), 등분산성(Heteroscedasticity) 가정을 동시에 모두 만족한다는 것을 의미합니다. 만약 0.05 이하라면 아래 항목 중에서 어떤 가정을 만족하지 못하는지 살피고, 해당 원인을 교정하거나 교정이 불가능하다면 회귀 분석을 포기해야 하는 것이죠.

이렇게 각각의 기본 가정이 모두 만족한 것을 확인했다면 그 다음 확인이 필요한 것이 다중 공선성(multicolinearity)입니다. 다중 공선성이란, 회귀 분석의 과정에서 (예측을 위한) 독립 변수로 설정한 요인 중 서로 연관성이 깊은 건 없는지 확인하는 과정입니다. 이를테면, 환자의 당화 혈색소(당뇨의 관리 상태를 나타내는 지표)를 예측하기 위한 모형에서 체중과 허리 둘레가 동시에 독립 변수에 포함된 경우입니다. 체중과 허리 둘레는 밀접하게 연관되어 있죠. 그래서 체중이 고정된 상태에서 허리 둘레의 변동에 대한 당화 혈색소를 분석하게 되면, 당화 혈색소가 거의 변동이 없는 것처럼 보이게 됩니다. 체중이 당화 혈색소의 변동을 억제하는 것이지요. 이와 같은 문제는 회귀 모형을 추정하는 과정에서 매우 중요한데요. 이를 통계적으로 검증하기 위한 통계량이 분산 팽창 지수(Variation Inflation Factor, VIF)입니다. 일반적으로 VIF<10이면 이와 같은 다중 공선성의 문제가 없다고 보는 게 일반적입니다. 그렇다면 해당 데이터에 이와 같은 문제가 없는지 확인해 보도록 하겠습니다. VIF를 계산하기 위해서는 car 패키지의 vif() 함수를 이용하면 됩니다.

```
> install.packages("car", dependencies = TRUE)


The downloaded binary packages are in
    /var/folders/n8/4fdy5q6n5kn572x6dss6t4kr0000gn/T//
RtmpatzAVi/downloaded_packages
> library(car)
Loading required package: carData
```

```
> vif(fit)       #fit 변수에 담아 두었던 다중 회귀 모형을 그대로
vif() 함수에 넣으면 됩니다.
Population Illiteracy     Income      Frost
  1.245282    2.165848   1.345822    2.082547
```

독립 변수 4개의 sqrt(VIF)값이 모두 10보다 작음을 알 수 있고, 이를 통해 해당 다중 회귀 모형에는 다중 공선성의 문제가 없음을 알 수 있습니다. 만약 10보다 큰 변수가 있다면 그중 하나를 연구자가 선택해서 제외해야 하겠죠.

이상 관측치

이쯤에서 눈여겨보아야 할 부분이 이상 관측치입니다. 이상 관측치란 앞 장에서 잠시 언급했던 것처럼 이상하기 때문에 찾아서 삭제해야 하는 관측치가 아니라, 더 정확한 모형을 찾기 위해 검토가 필요한 관측치입니다. 물론 이렇게 검토하다 보면 데이터를 취합하는 과정에서 키 170센티미터를 17센티미터로 기록한 오류가 발견되어 수정하게 되는 경우도 있고, 정확한 사실 확인이 어려워 삭제해야 하는 경우가 발생하기도 하죠. 어쨌거나 이렇게 의심쩍은 데이터가 곳곳에 숨어 있기 마련인데, 데이터의 양이 방대할수록 수작업으로 확인할 수 없기 때문에 여러 통계학적 방법론이 제시되어 있습니다. 하나씩 살펴보도록 하겠습니다.

① 이상치: 가장 대표적인 이상 관측치는 이상치(outlier)입니다. 관측치가 예측치보다 표준 잔차의 2배 이상 크거나 작으면 다시 살펴보자는 기준이죠.

② 큰 지레점: 큰 지레점(high leverage points)은 관측치 중에서 유독 독립 변수의 분포가 다른 관측치에 비해 동떨어져 있는 값들을 다시 살펴보자는 기준입니다. 이것은 hat이라는 통계량을 이용해서 확인하는데요. hat 통계량은 모형에 포함된 인수들의 숫자를 샘플의 수로 나누어서 구하고, 평균 hat값의 2배 이상인 관측치들은 관심을 가져 보아야 합니다.

③ 영향력 있는 관찰: 이건 회귀 모형의 기울기를 확 바꾸는, 즉 영향이 큰 관측치가 있다면 다시 한번 살펴보자는 기준입니다. 앞서 들었던 예처럼 17센티미터의 키가 170센티미터로 수정된다면 회귀 모형의 기울기가 상당히 변동될 수 있겠죠. 이런 관측치는 쿡 거리(cook's distance)를 기준으로 찾습니다. 일반적으로 쿡 거리 값이 4/(샘플수-예측 변수 숫자-1)보다 큰 관측치를 검토하게 됩니다.

지금부터 ①, ②, ③에 해당하는 이상 관측치를 함께 찾아보도록 하겠습니다. 다행히 앞에서 설치한 car 패키지는 세 종류의 이상 관측치를 한꺼번에 찾아 주는 influencePlot()이라는 함수를 포함하고 있습니다.

> ###### 이상 관측치를 찾아 주는 *car* 패키지 안의
influencePlot 함수 #######
> influencePlot(fit)   # 다중 회귀 모형을 함수에 그대로 담아 주면 됩니다.

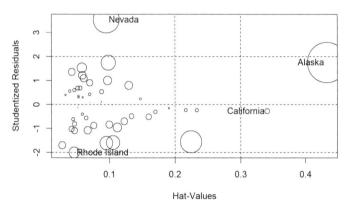

세 종류의 이상 관측치를 하나의 그래프로 보여 주는 Influence Plot 함수.

	StudRes	Hat	CookD
Alaska	1.7536917	0.43247319	0.448050997
California	-0.2761492	0.34087628	0.008052956
Nevada	3.5429286	0.09508977	0.209915743

```
Rhode Island  -2.0001631   0.04562377   0.035858963
```

그래프를 살펴보면, y축이 이상치에 해당하는 이상 관측치의 기준임을 알 수 있습니다. y축에서 −2보다 작거나 2보다 큰 값들이 이상치에 해당하며, 실습 데이터에서는 Nevada와 Rhoda Island가 여기에 해당하네요. x축은 Hat값이라고 표기되어 있습니다. 대부분의 값들이 0.1 근처에 몰려 있으므로, Hat값이 0.2 이상인 Hawaii, Washington, NewYork, California, Alaska 등이 큰 지레점이 되겠네요. (노트북으로 작업하시는 분들은 도시 이름이 보이지 않을 수도 있습니다. 마우스 포인터를 원 위에 올리면 해당하는 도시의 이름을 확인할 수 있습니다.) 마지막으로 쿡 거리 값은 원의 크기로 표현되어 있습니다. 직관적으로 보기에도 상대적으로 커 보이는 Nevada, Alaska, Hawaii가 영향력 있는 관찰입니다. 중복되는 이상 관측치도 있고, 그렇지 않은 관측치도 있습니다. 관측치를 하나씩 살펴보면서 고찰을 하고 기록하면, 이 자체가 후에 논문 작업을 할 때 고찰(discussion)의 한 부분을 차지하게 됩니다. 만약 살펴보는 과정 중에 이상 관측치 중 하나를 제거한다면, 그 근거를 명확하게 제시할 수 있어야 합니다. 관측치의 제거는 정말 신중해야 하며, 이상 관측치가 오히려 현상을 잘 대변하는 흥미로운 값일 수 있다는 점을 늘 상기하시기 바랍니다.

모형의 최종 선택

지금까지는 우리에게 주어진 4개의 독립 변수를 모두 모형에 담아서 진행했지만, 가능한 많은 변수를 모형에 담는다고 해서 회귀 모형이 완벽해지는 것은 아닙니다. "장고 끝에 악수."라는 속담처럼, 고민이 많다고 늘 현명한 답을 찾는 건 아니라는 사실이 통계에서도 여실히 증명되는 순간이죠. 그래서 취합한 여러 변수 중에서 최종적으로 어떤 변수만을 담아서 최종적인 회귀 모형으로 선택할 것인지를 결정하는 것은 회귀 분석의 전 과정에서 어쩌면 가장 중요한 부분입니다.

두 회귀 모형의 성능 비교해 보기

더 성능이 좋은 회귀 모형을 선택하기 위해서는 성능을 비교하기 위한 지표가 필요합니다. 이때 가장 많이 쓰이는 지표가 아카이케 정보 기준(akaike's information criterion, AIC)입니다. 실습을 위해 임의로 2개의 모형을 만들고, 2개의 성능을 AIC 값을 통해 비교해 보도록 하겠습니다.

```
> fit1 <- lm(Murder~ ., data=states)    # Murder~ 뒤의
마침표는 모든 변수를 포함하라는 의미입니다. 이 경우에는 데이터
세트에 포함된 4개의 변수가 모두 담기게 됩니다.
> summary(fit1)           #fit1에 담긴 첫 번째 회귀 모형에 대한
```

요약을 볼 수 있습니다.

```
Call:
lm(formula = Murder ~ ., data = states)

Residuals:
    Min      1Q  Median      3Q     Max
-4.7960 -1.6495 -0.0811  1.4815  7.6210

Coefficients:
              Estimate Std. Error t value  Pr(>|t|)
(Intercept) 1.235e+00  3.866e+00   0.319    0.7510
Population  2.237e-04  9.052e-05   2.471    0.0173 *
Illiteracy  4.143e+00  8.744e-01   4.738  2.19e-05 ***
Income      6.442e-05  6.837e-04   0.094    0.9253
Frost       5.813e-04  1.005e-02   0.058    0.9541
---
Signif. codes: 0 '***' 0.001 '**' 0.01 '*' 0.05 '.' 0.1 ' ' 1

Residual standard error: 2.535 on 45 degrees of freedom
Multiple R-squared:  0.567, Adjusted R-squared:  0.5285
F-statistic: 14.73 on 4 and 45 DF,  p-value: 9.133e-08
```

```
> fit2 <- lm(Murder ~ Population + Illiteracy ,
data=states) #fit2에는 4개의 변수 중 임의로 선택한 인구수와
문맹률 2개의 변수만을 가지고 회귀 모형을 만들어 담습니다.
> summary(fit2)          #fit2에 담긴 두 번째 회귀 모형에 대한
요약을 볼 수 있습니다.

Call:
lm(formula = Murder ~ Population + Illiteracy, data =
states)

Residuals:
    Min      1Q  Median      3Q     Max
-4.7652 -1.6561 -0.0898  1.4570  7.6758


Coefficients:
            Estimate Std. Error t value   Pr(>|t|)
(Intercept) 1.652e+00  8.101e-01   2.039    0.04713 *
Population  2.242e-04  7.984e-05   2.808    0.00724 **
Illiteracy  4.081e+00  5.848e-01   6.978   8.83e-09 ***
---
Signif. codes:  0 '***' 0.001 '**' 0.01 '*' 0.05 '.' 0.1 ' '
1
```

```
Residual standard error: 2.481 on 47 degrees of freedom
Multiple R-squared:  0.5668,    Adjusted R-squared:
0.5484
F-statistic: 30.75 on 2 and 47 DF,  p-value: 2.893e-09
> #AIC (Akaike's an Information Criterion)
> AIC(fit1, fit2)      #AIC() 함수를 이용해서, fit1, fit2 2개의
회귀 모형의 성능을 비교합니다.
     df       AIC
fit1  6  241.6429
fit2  4  237.6565
```

AIC 값은 클수록 좋은 성능을 나타내는 것이 아니라, 작을
수록 좋은 성능을 나타냅니다. 결과를 보면 fit2가 fit1보다 변수
를 더 적게 담았으면서도 오히려 성능은 더 좋다는 사실을 확인
할 수 있습니다.

최적의 회귀 모형을 위한 변수의 선택 따라 하기

지금까지 성능 비교를 위한 지표를 알아봤으니 이번에는 변수를
다양하게 구성하면서 어떤 회귀 모형이 가장 성능이 좋은지 비교
해 볼 차례입니다. 변수를 구성함에 있어 가장 중요한 것은 무엇

보다도 해당 분야에 대해 높은 전문성을 가진 연구자 본인의 선택입니다. 하지만 자신의 전문성을 자신하지 못하는 연구자도 많지요. 그럴 때는 통계적 방법을 통해 변수의 구성을 자동화할 수 있습니다. 크게는 후진 단계별(backward stepwise) 방식과 전진 단계별(forward stepwise) 방식이 있고, 고려해야 할 전체 변수의 개수가 많지 않은 경우라면 모든 부분 집합(all subset) 방법도 추천할 만합니다. 하나씩 살펴보도록 하겠습니다.

① 후진 단계별 회귀 분석 따라 하기

후진 단계별 회귀 분석(backward stepwise regression) 방법은 일단 얻어 놓은 독립 변수를 모두 담아서 첫 번째 회귀 모형을 만듭니다. 그리고 해당 모형에 대한 AIC 값을 구하죠. 그다음 독립 변수 중에서 가장 기여도가 낮은 (즉 $p-$값이 가장 큰) 독립 변수부터 하나씩 빼면서 모형을 새로 만들고, 새 모형의 AIC 값을 그전의 모형 AIC 값과 비교해 나가는 겁니다. AIC 값은 작을수록 좋은 성능을 나타내니 AIC 값이 작아지면 계속 독립 변수를 하나씩 빼가면서 AIC 값이 가장 작은 회귀 모형을 찾는 방법인 거죠.

> *#Backward stepwise regression*

> `full.model = lm(Murder~. , data = states)` *#결과 변수인 Murder~ 뒤에 마침표는 모든 변수를 의미합니다.*

> `reduced.model = step(full.model, direction =`

"backward") #direction을 "backward"로 정하면 됩니다.

Start: AIC=97.75

Murder ~ Population + Illiteracy + Income + Frost

	Df	Sum of Sq	RSS	AIC
- Frost	1	0.021	289.19	95.753
- Income	1	0.057	289.22	95.759
<none>			289.17	97.749
- Population	1	39.238	328.41	102.111
- Illiteracy	1	144.264	433.43	115.986

Step: AIC=95.75

Murder ~ Population + Illiteracy + Income

	Df	Sum of Sq	RSS	AIC
- Income	1	0.057	289.25	93.763
<none>			289.19	95.753
- Population	1	43.658	332.85	100.783
- Illiteracy	1	236.196	525.38	123.605

Step: AIC=93.76

Murder ~ Population + Illiteracy

```
           Df  Sum of Sq     RSS      AIC
<none>                    ·  289.25   93.763
- Population  1     48.517  337.76   99.516
- Illiterac  1    299.646  588.89  127.311
```
> summary(reduced.model)   *#summary() 함수를 이용해서*
step() 함수가 찾은 최적의 회귀 모형을 확인하면 됩니다.

Call:
lm(formula = Murder ~ Population + Illiteracy, data = states)

Residuals:
```
    Min      1Q  Median      3Q     Max
-4.7652  -1.6561 -0.0898  1.4570  7.6758
```

Coefficients:
```
             Estimate Std. Error t value  Pr(>|t|)
(Intercept) 1.652e+00  8.101e-01    2.039   0.04713 *
Population  2.242e-04  7.984e-05    2.808   0.00724 **
Illiteracy  4.081e+00  5.848e-01    6.978 8.83e-09 ***
```

```
Signif. codes:  0 '***' 0.001 '**' 0.01 '*' 0.05 '.' 0.1 ' '
1

Residual standard error: 2.481 on 47 degrees of freedom
Multiple R-squared:  0.5668,    Adjusted R-squared:
0.5484
F-statistic: 30.75 on 2 and 47 DF,   p-value: 2.893e-09
```

　　결과를 보시면 어떤 과정을 거쳐서 최적의 모형이 찾아졌는
지 살펴보실 수 있습니다. 최종적으로는 인구수와 문맹률 2개의
변수만을 포함한 회귀 모형이 선택되었고요. 해당 모형의 설명력
은 0.5484, 즉 54.84퍼센트이며, p-값은 2.893×10^{-9}으로 확인되
었네요.

② 전진 단계별 회귀 분석 따라 하기

눈치가 빠른 분들은 제목만 보고도 다음 방법을 어떻게 할지 알
아채셨을 텐데요. 후진 단계별 회귀 분석과 정반대로 진행된다고
생각하면 정확합니다. 먼저 가장 상관 관계가 높은(p-값이 가장
작은) 독립 변수 하나만 포함해서 최소 회귀 모형을 만듭니다. 그
리고 AIC 값을 구하죠. 이번에는 p-값이 작은 것부터 하나씩 독
립 변수를 추가하면서 AIC 값의 변화를 추적하는 거죠. AIC 값
이 점점 작아지다가 다시 상승하기 시작할 텐데요. 이렇게 AIC

값이 가장 작은 독립 변수의 구성을 찾는 방법이 전진 단계별 회귀 분석(forward stepwise regression)입니다.

```
> #Forward stepwise regression
> min.model = lm(Murder~1, data = states)
> fwd.model  <- step(min.model, direction="forward",
scope = (Murder~Population+ Illiteracy + Income

Frost), trace=0)
> summary(fwd.model)

Call:
lm(formula = Murder ~ Illiteracy + Population, data =
states)

Residuals:
    Min      1Q  Median      3Q     Max
-4.7652  -1.6561  -0.0898  1.4570  7.6758

Coefficients:
             Estimate Std. Error t value  Pr(>|t|)
(Intercept) 1.652e+00  8.101e-01    2.039   0.04713 *
```

```
Illiteracy    4.081e+00  5.848e-01    6.978 8.83e-09 ***
Population    2.242e-04  7.984e-05    2.808  0.00724 **
---
Signif. codes:  0 '***' 0.001 '**' 0.01 '*' 0.05 '.' 0.1 ' '
1

Residual standard error: 2.481 on 47 degrees of freedom
Multiple R-squared:  0.5668,    Adjusted R-squared:
0.5484
F-statistic: 30.75 on 2 and 47 DF,  p-value: 2.893e-09
```

변수가 적다 보니, 앞에서 살펴봤던 후진 단계별 회귀 분석의
경우와 동일한 결과가 쉽게 얻어졌네요.

③ 모든 부분 집합 회귀 분석 따라 하기

마지막으로 알아볼 방법은 모든 부분 집합 회귀 분석(all subset
regression)입니다. 아래 코드를 실행해서 결과부터 살펴보죠. 그래
야 이해가 쉬울 것 같습니다.

```
> # all subset regression
> library(leaps)
> leaps <- regsubsets(Murder~ Population + Illiteracy +
```

```
Income + Frost, data= states, nbest=4)
> plot(leaps, scale="adjr2")
```

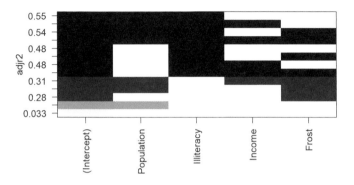

어떤 변수의 조합이 가장 높은 예측도를 보이는지 한눈에 알 수 있다.

보신 바와 같이 해당 방법은 주어진 변수의 모든 조합에 대해 AIC 값을 모두 구해서 AIC 값의 크기에 따라 변수의 조합을 모두 나열해서 보여 줍니다. 어떻게 보면, ①, ② 방법에 비해 모든 가능성을 확인했다는 안도감을 주는 측면이 있습니다. 하지만 변수의 수가 많은 경우 계산이 너무 오래 걸리거나 컴퓨터가 멈추어 버리는 경우도 있으니, 주의해서 사용해야 합니다.

이렇게 두 장에 걸쳐 회귀 분석에 대해 알아봤습니다. 사실 이 정도 분량만으로 회귀 분석을 알려드렸다고 하기에는 부족함이 큽니다. 회귀 분석만으로도 두꺼운 책 한 권을 충분히 쓸 수 있을 정도니까요. 그래서 막상 이 책만 공부한 뒤에 실제 회귀 분석을 하게 되면 여러 예상치 못한 난관에 부딪히실 겁니다. 가장 대표적인 어려움은 아무리 이리저리 살펴봐도 회귀 분석의 기본 가정을 만족하지 못하는 경우죠. 그럴 때는 제가 설명하지 않았던 여러 통계적 기법과 다양한 회귀 모형을 통해 문제를 해결해야 합니다. 이런 현실적인 부족함을 알면서도 회귀 분석을 설명해 드린 이유는 이 두 장을 건너뛰고서는 다음 이야기를 할 수 없기 때문이었습니다. 다행히도 보건 의료 통계에서 자주 필요한 로지스틱 회귀 분석은 다중 회귀 분석보다는 오히려 쉬운 측면이 있습니다. 조금 지치셨을 수도 있지만, 다시 힘을 내어 다음 장으로 넘어가 보도록 하지요.

15강 결과 변수가 이분 변수인 경우의 현상 설명하기
로지스틱 회귀 분석

보건 의료 통계에서 생존 분석과 함께 가장 많이 활용되는 고급 통계로는 로지스틱 회귀 분석이 있습니다. 로지스틱 회귀 분석은 어떤 변수들이 환자의 회복 또는 사망 등과 같이 이분(yes or no)되는 결과에 어떻게 영향을 미치는지 분석하는 기법인데요. 지금까지 살펴봤던 회귀 분석들과는 차별되는 매우 중요한 특징이 있습니다. 그것은 바로 앞선 회귀 분석이 선형 회귀 모형을 가지고서 결과를 예측했다면, 지금부터는 선형이 아닌 다른 형태의 회귀 모형을 구해서 결과를 예측한다는 점입니다. 이를테면 로지스틱 회귀 분석은 선형 그래프가 아닌 곡선의 로지스틱 함수 그래프를 이용해서 결과를 예측합니다. 이것을 통계학에서는 일반화 선형 모형(generalized linear model, GLM)이라고 부릅니다. 지금까지 배웠던 일반 선형 모형(ordinary linear model, OLM)에서 한 차원 진보한 개념이죠. 그런데 이걸 우리말로 일반 선형 모형으로 옮기다 보니, 통계 초심자에게 큰 오해를 불러일으킵니다. 일반화 선형 모형과 일반 선형 모형을 혼동하는거죠. 한 글자 차이로 의미가 바뀌니 당연히 그렇지 않겠습니까. 그래서 이번 장에서는 일반 선형 모형과 일반화 선형 모형의 대표 주자인 로지스틱 회귀 모형의 차이에 대해 간단히 살펴보고 실습에 들어가도록 하겠습니다.

일반 선형 모형 vs 일반화 선형 모형

이 절에서 말씀드리는 내용은 몰라도 임상 연구를 진행하는 데 아무런 문제가 없습니다. 혹시라도 외계의 언어라고 생각된다면 마음 편히 건너뛰고 진도를 나가시기 바랍니다.

일반 선형 모형은 변수가 하나인 경우에 $y=\alpha+\beta x$의 예측 모형을 구하는 게 회귀 분석의 본질입니다. 하나의 직선 그래프를 구해서 아직 관찰값이 없는 x값에 해당하는 y값을 예측하는 거지요. 여기서 a는 y절편이고 β는 기울기, 즉 회귀 계수가 됩니다. x가 1만큼 변할 때 y는 β만큼 변할 거라는 의미가 일반 선형 모형에 담겨 있는 겁니다.

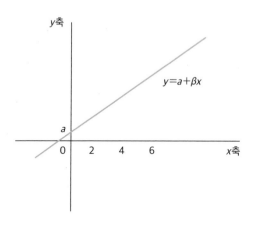

그런데 로지스틱 함수의 그래프는 선형이 아닙니다. 수학 초심자에게는 다소 어렵게 느껴질 수 있는 바로 이런 그래프를 가지고 결과를 예측하죠. 이 그래프를 살펴보면 살펴볼수록 1958년에 로지스틱 회귀 분석을 처음 제안한 영국의 데이비드 R. 콕스(David R. Cox)가 대단하게 느껴집니다. x값과 상관없이 y값은 0과 1사이에서 벗어나지 못합니다. 하지만 x가 커질수록 y값은 1에 점점 더 가까워지고, x가 작아질수록 y값은 0에 가까워지죠. 이렇게 해서 x값이 커질수록 사건이 발생할 가능성이 1에 근사하게 접근함을 표현했죠. 반대로 x값이 평균보다 무한히 작아지면 사건이 발생할 가능성이 1에 근사하게 작아집니다. 정말 아름답지 않나요?

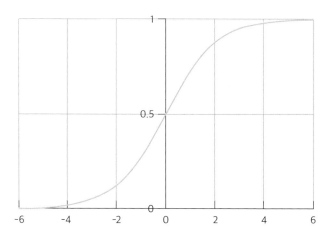

이 그래프를 수학 공식으로 나타내 보면 다음 쪽과 같습니다.

$$y = \frac{1}{1 + e^{-(\alpha + \beta x)}}$$

무조건 알고 넘어가야 하는 두 가지

위 공식은 고등학교 시절에 수학과 담을 쌓았던 연구자라면 가히
정신줄을 안드로메다로 날려 버릴 위력을 가지고 있는데요. 그렇
다 해도 로지스틱 회귀 분석을 사용하는 통계인이라면 무조건 필
히 기억하고 넘어가야 할 두 가지가 있습니다. 첫 번째는 결과 변
수 y에 대해 데이터를 모을 때 사건의 발생 여부에 따라 1과 0으
로 입력하는 경우가 더러 있는데요. 그렇게 해 놓고서 일반 회귀
모형을 적용해서 분석하면 안 된다는 겁니다. 이것이 통계 초심자
들이 가장 많이 하는 실수입니다. 컴퓨터는 아무런 고민 없이 결
괏값인 0과 1을 사건의 발생 유무가 아닌 수적인 양의 개념으로
해석하고 최소 제곱법에 기초한 선형 모형을 구해 줍니다. 통계 분
석이 완전히 산으로 가는 거죠.

　두 번째는 로지스틱 회귀 분석을 제대로 해 놓고도, 어렵게
구한 β값을 잘못 해석하는 겁니다. 결과 변수 y의 변동량이 독립
설명 변수 x의 β배에 비례한다고 해석하는 거죠. 사실은 β배가 아
닌, e^{β}배에 따라 결과 변수를 예측(설명)해야 하는데도요. R에서

계산해 준 β값을 일반 선형 모형에서처럼 해석하는 실수는 통계 초심자에게 두 번째로 흔한 실수이니, 여러분은 절대 하지 않기를 바랍니다.

로지스틱 회귀 분석 따라 하기

이번 실습에서는 RStudio에 내장된 survival 패키지의 colon이라는 데이터 세트를 이용하겠습니다. 해당 데이터 세트는 이름에서 짐작가는 것처럼 대장 질환과 관련된 임상 데이터가 담겨 있습니다. 더 정확히는 대장암 환자 1,858명의 대장암 레지스트리가 담겨 있는데요. str() 함수를 이용해서 데이터 세트에 어떤 값들이 담겨 있는지 살펴보겠습니다.

```
> require(survival)      #survival 패키지를 불러옵니다.
Loading required package: survival
> str(colon)            #str() 함수를 이용해서 survival 패키지
안의 colon 데이터 세트의 구조를 살펴봅니다.
'data.frame':   1858 obs. of  16 variables:
 $ id      : num  1 1 2 2 3 3 4 4 5 5 ...
 $ study   : num  1 1 1 1 1 1 1 1 1 1 ...
 $ rx      : Factor w/ 3 levels "Obs","Lev","Lev+5FU": 3 3
3 3 1 1 3 3 1 1 ...
```

```
$ sex     : num  1 1 1 1 0 0 0 0 1 1 ...
$ age     : num  43 43 63 63 71 71 66 66 69 69 ...
$ obstruct: num  0 0 0 0 0 0 1 1 0 0 ...
$ perfor  : num  0 0 0 0 0 0 0 0 0 0 ...
$ adhere  : num  0 0 0 0 1 1 0 0 0 0 ...
$ nodes   : num  5 5 1 1 7 7 6 6 22 22 ...
$ status  : num  1 1 0 0 1 1 1 1 1 1 ...
$ differ  : num  2 2 2 2 2 2 2 2 2 2 ...
$ extent  : num  3 3 3 3 2 2 3 3 3 3 ...
$ surg    : num  0 0 0 0 0 0 1 1 1 1 ...
$ node4   : num  1 1 0 0 1 1 1 1 1 1 ...
$ time    : num  1521 968 3087 3087 963 ...
$ etype   : num  2 1 2 1 2 1 2 1 2 1 ...
```

1,858명에 대한 16개 변수가 담겨 있다는 것을 알 수 있습니다. 그 변수 안에는 치료 항암제(rx), 성별(sex), 나이(age), 장 폐색(obstruct), 장 천공(perfor), 장 유착(adhere) 등이 결과를 예측하기 위한 독립 변수(원인 변수)로 담겨 있고, 결과 변수로는 '사망/생존'을 '1/0'으로 채워 놓은 status가 함께 들어 있습니다. 이번 로지스틱 회귀 분석에서는 치료 항암제를 포함한 여러 인자들을 고려해서 환자의 치료 성과(사망 또는 생존)를 예측해 보고자 합니다.

시작에 앞서 데이터 클리닝의 과정을 하나 배워 봅니다.

1,000명 넘는 환자의 데이터를 취합하다 보면, 데이터 세트에 빈칸이 있기 마련입니다. 연구 책임자가 직접 데이터를 모으지 않고, 하청(?)을 맡기면 비일비재하게 발생하곤 하죠. 해당 실습 데이터는 아마도 익명화된 실제 데이터인 모양입니다. View() 함수를 이용해서 colon 데이터 세트를 살펴보면, 아래와 같이 127번과 128번 행의 암세포 분화 정도(differ) 열의 값이 NA로 채워져 있는 것을 볼 수 있습니다.

```
> View(colon)
```

^ id	study	rx	sex	age	obstruct	perfor	adhere	nodes	status	differ	extent	surg	node4	time	etype
124	62 1	Lev	1	58	0	0	0	1	0	1	2	1	0	2772	1
125	63 1	Obs	0	53	0	0	0	15	1	3	3	0	1	474	2
126	63 1	Obs	0	53	0	0	0	15	1	3	3	0	1	173	1
127	64 1	Lev	0	53	1	0	0	1	0	NA	3	0	0	2739	2
128	64 1	Lev	0	53	1	0	0	1	0	NA	3	0	0	2739	1
129	65 1	Obs	0	71	0	0	0	1	1	1	1	0	0	365	2
130	65 1	Obs	0	71	0	0	0	1	1	1	3	0	0	72	1
131	66 1	Lev+5FU	0	66	0	0	0	2	0	2	3	0	0	2653	2
132	66 1	Lev+5FU	0	66	0	0	0	2	0	2	3	0	0	2653	1
133	67 1	Lev+5FU	1	49	0	0	0	6	0	3	3	0	1	2726	2
134	67 1	Lev+5FU	1	49	0	0	0	6	0	3	3	0	1	2726	1
135	68 1	Obs	1	60	0	0	0	10	1	2	3	0	1	774	2
136	68 1	Obs	1	60	0	0	0	10	1	2	3	0	1	435	1

저렇게 데이터 세트 안에 결측값(컴퓨터에서는 숫자 0에 해당하는 값이 아닌, 값이 채워지지 않은 빈칸을 NA라고 표현합니다. 이건 대부분의 프로그래밍 언어에서 공통입니다.)이 있으면 회귀 분석에서 오류가 발생하기 마련입니다. 그래서 데이터의 개수가 충분히 많은 경우에는 분석 전에 NA가 레지스트리 중에 하나라도 포함된 모든 환자를 일괄로 제거하는 게 보통입니다. 아래와 같이 말이죠.

> colon1 <- na.omit(colon)   *#colon 데이터 세트에서 NA를 포함한 행을 모두 제거하고, 나머지 행들을 colon1이라는 새로운 데이터 세트에 담습니다.*

> str(colon1)   *#colon1을 살펴보면, 전체 행이 1776으로 줄어든 것을 확인할 수 있습니다.*

```
'data.frame':   1776 obs. of  16 variables:
 $ id      : num  1 1 2 2 3 3 4 4 5 5 ...
 $ study   : num  1 1 1 1 1 1 1 1 1 1 ...
 $ rx      : Factor w/ 3 levels "Obs","Lev","Lev+5FU": 3 3
3 3 1 1 3 3 1 1 ...
 $ sex     : num  1 1 1 1 0 0 0 0 1 1 ...
 $ age     : num  43 43 63 63 71 71 66 66 69 69 ...
 $ obstruct: num  0 0 0 0 0 0 1 1 0 0 ...
 $ perfor  : num  0 0 0 0 0 0 0 0 0 0 ...
 $ adhere  : num  0 0 0 0 1 1 0 0 0 0 ...
 $ nodes   : num  5 5 1 1 7 7 6 6 22 22 ...
 $ status  : num  1 1 0 0 1 1 1 1 1 1 ...
 $ differ  : num  2 2 2 2 2 2 2 2 2 2 ...
 $ extent  : num  3 3 3 3 2 2 3 3 3 3 ...
 $ surg    : num  0 0 0 0 0 0 1 1 1 1 ...
 $ node4   : num  1 1 0 0 1 1 1 1 1 1 ...
 $ time    : num  1521 968 3087 3087 963 ...
```

```
$ etype   : num  2 1 2 1 2 1 2 1 2 1 ...
 - attr(*, "na.action")= 'omit' Named int  127 128 165 166
179 180 187 188 197 198 ...
 ..- attr(*, "names")= chr  "127" "128" "165" "166" ...
```

　　결측값을 포함한 행이 82(=1858−1776)개나 있었던 거군요.
그럼 이제 colon1 데이터 세트를 이용해서, 로지스틱 회귀 모형을
만들어 보도록 하겠습니다. glm() 함수는 로지스틱을 포함해 여
러 일반화 선형 모형(GLM)을 만들어 주는 함수입니다. 그래서 이
름이 glm인 거죠. '~' 앞에 결과 변수로 설정하고자 하는 열 이름
을 넣어 주고, '~' 뒤에는 원인으로 생각하는 독립 변수들을 '+'
기호로 쭉 나열해 줍니다. family 옵션은 binomial로 정해 주시
고, 마지막으로 data = colon1이라고 설정하면 result라는 변수
에 일반화 선형 모형이 담기게 됩니다.

```
> result <- glm(status ~ rx+sex+age+obstruct+perfor
+ adhere + nodes + differ + extent + surg, family =
binomial, data=colon1) # result 변수에 로지스틱 회귀 모형을
담습니다.
> summary(result) #result에 담긴 모형을 summary() 함수를
이용해서 살펴봅니다.
```

```
Call:

glm(formula = status ~ rx + sex + age + obstruct + perfor
+ adhere +
    nodes + differ + extent + surg, family = binomial,
data = colon1)


Deviance Residuals:
   Min     1Q  Median     3Q     Max
 -2.575  -1.046  -0.584   1.119   2.070


Coefficients:
              Estimate Std. Error z value  Pr(>|z|)
(Intercept)  -2.430926   0.478301  -5.082  3.73e-07 ***
rxLev        -0.069553   0.122490  -0.568  0.570156
rxLev+5FU    -0.585606   0.124579  -4.701  2.59e-06 ***
sex          -0.086161   0.101614  -0.848  0.396481
age           0.001896   0.004322   0.439  0.660933
obstruct      0.219995   0.128234   1.716  0.086240 .
perfor        0.085831   0.298339   0.288  0.773578
adhere        0.373527   0.147164   2.538  0.011144 *
nodes         0.185245   0.018873   9.815  < 2e-16 ***
differ        0.031839   0.100757   0.316  0.752003
```

```
extent        0.563617    0.116837    4.824 1.41e-06  ***
surg          0.388068    0.113840    3.409 0.000652  ***
---
Signif. codes:  0 '***' 0.001 '**' 0.01 '*' 0.05 '.' 0.1 ' '
1


(Dispersion parameter for binomial family taken to be 1)


    Null deviance: 2461.7  on 1775  degrees of freedom
Residual deviance: 2240.4  on 1764  degrees of freedom
AIC: 2264.4


Number of Fisher Scoring iterations: 4
```

 내용을 살펴보면, 독립 변수 각각에 대한 회귀 계수(Estimate)
와 $p-$값이 정리된 것을 확인할 수 있고, 해당 모형에 대한 AIC
값이 2264.4로 계산되었음을 알 수 있습니다. 하지만 여기서 만족
할 수는 없죠. 다중 회귀 분석에서와 동일한 방식으로 모형의 예
측도에 도움이 되는 독립 변수만 추려서 모형을 고도화하는 작업
이 필요합니다. 앞 장에서 설명드렸던 후진 단계별, 전진 단계별,
모든 부분 집합 방법 중에서 후진 단계별 방법을 사용해서 모형
에 담을 최종 독립 변수를 추려 보겠습니다.

```
> reduced.model = step(result)    #step() 함수에 앞서 구한
result 회귀 모형을 넣어 줍니다.
Start:  AIC=2264.43
status ~ rx + sex + age + obstruct + perfor + adhere +
nodes +
    differ + extent + surg


          Df Deviance    AIC
- perfor   1   2240.5 2262.5
- differ   1   2240.5 2262.5
- age      1   2240.6 2262.6
- sex      1   2241.2 2263.2
<none>         2240.4 2264.4
- obstruct 1   2243.4 2265.4
- adhere   1   2246.9 2268.9
- surg     1   2252.1 2274.1
- rx       2   2266.7 2286.7
- extent   1   2265.5 2287.5
- nodes    1   2363.5 2385.5


Step:  AIC=2262.52
status ~ rx + sex + age + obstruct + adhere + nodes +
```

```
differ +

    extent + surg


          Df Deviance    AIC

- differ   1    2240.6  2260.6

- age      1    2240.7  2260.7

- sex      1    2241.2  2261.2

<none>          2240.5  2262.5

- obstruct 1    2243.6  2263.6

- adhere   1    2247.4  2267.4

- surg     1    2252.2  2272.2

- rx       2    2266.8  2284.8

- extent   1    2265.8  2285.8

- nodes    1    2363.7  2383.7


Step:  AIC=2260.61

status ~ rx + sex + age + obstruct + adhere + nodes +

extent +

    surg


          Df Deviance    AIC

- age      1    2240.8  2258.8
```

```
- sex        1    2241.3  2259.3
<none>            2240.6  2260.6
- obstruct   1    2243.7  2261.7
- adhere     1    2247.6  2265.6
- surg       1    2252.4  2270.4
- rx         2    2266.8  2282.8
- extent     1    2266.2  2284.2
- nodes      1    2367.7  2385.7
```

Step: AIC=2258.8
status ~ rx + sex + obstruct + adhere + nodes + extent + surg

	Df	Deviance	AIC
- sex	1	2241.5	2257.5
<none>		2240.8	2258.8
- obstruct	1	2243.7	2259.7
- adhere	1	2247.9	2263.9
- surg	1	2252.7	2268.7
- rx	2	2266.9	2280.9
- extent	1	2266.4	2282.4
- nodes	1	2368.5	2384.5

status ~ rx + obstruct + adhere + nodes + extent + surg

	Df	Deviance	AIC
<none>		2241.5	2257.5
- obstruct	1	2244.5	2258.5
- adhere	1	2248.8	2262.8
- surg	1	2253.3	2267.3
- rx	2	2267.1	2279.1
- extent	1	2266.9	2280.9
- nodes	1	2369.7	2383.7

> summary(reduced.model) *#reduced.model 변수에 담긴 최종*
회귀 모형을 살펴봅니다.

Call:

glm(formula = status ~ rx + obstruct + adhere + nodes + extent +

    surg, family = binomial, data = colon1)

Deviance Residuals:

   Min   1Q   Median   3Q   Max

```
-2.5583   -1.0490   -0.5884    1.1213    2.0393


Coefficients:

            Estimate Std. Error z value   Pr(>|z|)

(Intercept) -2.30406    0.35138   -6.557   5.49e-11 ***

rxLev       -0.07214    0.12221   -0.590   0.554978

rxLev+5FU   -0.57807    0.12428   -4.651   3.30e-06 ***

obstruct     0.22148    0.12700    1.744   0.081179 .

adhere       0.38929    0.14498    2.685   0.007251 **

nodes        0.18556    0.01850   10.030   < 2e-16 ***

extent       0.56510    0.11643    4.854   1.21e-06 ***

surg         0.38989    0.11371    3.429   0.000606 ***

---

Signif. codes:  0 '***' 0.001 '**' 0.01 '*' 0.05 '.' 0.1 ' '
1


(Dispersion parameter for binomial family taken to be 1)


    Null deviance: 2461.7  on 1775  degrees of freedom

Residual deviance: 2241.5  on 1768  degrees of freedom

AIC: 2257.5
```

```
Number of Fisher Scoring iterations: 4
```

총 10개의 독립 변수 중에서 6개의 독립 변수가 추려졌음을 확인할 수 있고, 각각의 독립 변수에 대한 회귀 계수와 $p-$값을 볼 수 있습니다. step() 함수가 선택한 회귀 모형의 AIC 값이 2257.5로 줄어든 것도 확인할 수 있고요. $p-$값과 마찬가지로 AIC 값도 작을수록 좋은 겁니다. 그런데 여기서 끝이 아닙니다. 일반화 회귀 모형에서는 데이터 값의 분포가 널리 퍼져 있어 모형의 예측에 영향을 주는지, 즉 과산포(overdispersions)의 유무를 확인하고 이에 따라 최종 회귀 모형을 한 번 더 조율해 주는 과정이 필요합니다.

과산포 유무를 확인해 최종 로지스틱 모형 확정하기

과산포 유무를 확인하는 방법은 과산포가 있다고 가정하고 만든 회귀 모형과 과산포가 없다고 가정하고 만든 회귀 모형을 비교하는 것입니다. 두 회귀 모형이 통계적으로 차이가 없다면, 과산포가 없다고 보고 family = binomial로 구한 모형을 최종 선택하고, pchisq() 함수를 이용해서 구한 $p-$값이 0.05보다 작다면, 과산포가 있다고 판단해 family 옵션을 quasibinomial로 선택한 모형을 최종 선택하게 됩니다. 해당 예제에서 구한 모형은 어떤지 따라 하면서 살펴보도록 하겠습니다.

```
> fit = glm(formula = status ~ rx + obstruct + adhere +
nodes + extent + surg, family = binomial, data = colon1)
# 먼저 과산포가 없다는 가정 하에 family = binomial로 설정해
회귀 모형을 구합니다.
> fit.od = glm(formula = status ~ rx + obstruct + adhere
+ nodes + extent + surg, family = quasibinomial, data
= colon1) # 이번에는 과산포가 있다는 가정 하에 family =
quasibinomial로 설정해 회귀 모형을 하나 더 구합니다.
> pchisq(summary(fit.od)$dispersion*fit$df.residual,
fit$df.residual, lower = F) # 어떤 데이터 세트를 이용하든,
위의 방식대로 회귀 모형을 각각 fit과 fit.od에 담았다면, 이 코드는
공통으로 활용 가능합니다.
```

```
[1] 0.2803691
```

구한 값이 0.2803691로 0.05보다 크기 때문에 과산포는 없다고 확인했고, 우리는 fit에 담아 둔 모형, 결과적으로는 위에서 구했던 reduced.model과 같은 로지스틱 회귀 모형을 확정하게 됩니다. 만약, 구한 값이 0.05보다 작았다면, 반대로 family = quasibinomail로 설정해서 fit.od에 담아 둔 모형으로 갈아타야 했겠죠.

로지스틱 회귀 분석 결과를 교차비 테이블로 정리하기

모형을 확정했다고 하더라도 이 결과를 리포트하기 위해서는 더 노력해야 합니다. 앞선 summary() 함수 결과만으로는 논문을 작성하기에 뭔가 부족하고 불친절해 보인다는 인상을 줍니다. 학계에서 회귀 모형의 독립 변수들에 대한 교차비(Odds Ratio, OR)를 테이블과 그림으로 정리해서 보여 주는 것이 회귀 분석 결과 리포트의 최신 추세이다 보니 따라하지 않을 수 없죠. 교차비 테이블 작성은 문건웅 교수님의 moonBook 패키지를 활용하겠습니다. 패키지 안의 extractOR() 함수를 이용하면 교차비와 함께 신뢰 구간 하한값(lower confidence interval, lcl), 신뢰 구간 상한값(upper confidence interval, ucl)과 더불어 $p-$값이 깔끔하게 정리됩니다.

> install.packages("moonBook")   # *moonBook 패키지를 설치합니다.*

The downloaded binary packages are in
    /var/folders/j1/ygmjf9mj5k52m70wbvnxjs_w0000gn/T//RtmpLTYhvL/downloaded_packages
> library(moonBook)   # *moonBook 패키지를 실행합니다.*
> extractOR(fit)   # *extractOR() 함수에 위에서 구한 로지스틱 회귀 모형 fit을 넣어 줍니다.*

	OR	lcl	ucl	p
(Intercept)	0.10	0.05	0.20	0.0000
rxLev	0.93	0.73	1.18	0.5550
rxLev+5FU	0.56	0.44	0.72	0.0000
obstruct	1.25	0.97	1.60	0.0812
adhere	1.48	1.11	1.96	0.0073
nodes	1.20	1.16	1.25	0.0000
extent	1.76	1.40	2.21	0.0000
surg	1.48	1.18	1.85	0.0006

로지스틱 회귀 분석 결과를 그래프로 그리기

그래프도 그려 보도록 하겠습니다. 간단합니다. ORplot() 함수에
fit 모형을 넣어 주면 그만입니다. 여기에 옵션을 적용하면 그래프
가 훨씬 고급스러워집니다.

```
> ORplot(fit, main = "Plot for Odds Ratios")   #상단에
제목을 달아 주는 main 옵션만 적용해 봅니다.
```

ORplot() 함수 안에는 총 3개의 그래프 타입이 있고, type 옵
션을 따로 설정하지 않으면, 기본값인 'type 1'로 결과가 나옵니
다. 'type＝2' 또는 'type＝3'을 입력해서 여러분의 취향에 맞는 그

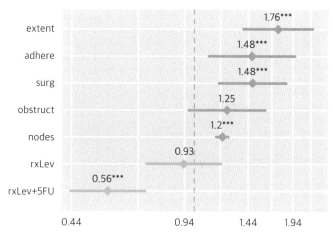

Plot for Odds Ratios

변수별 교차비 값들의 분포를 하나의 그래프로 보여 준다.

래프가 무엇인지 확인해 보세요. 다 괜찮아 보이는 상황이라면, 투고하려고 하는 학술지에서 최근에 출판된 논문을 검색해서 가장 비슷한 느낌의 type을 고르는 편이 좋습니다. 만약 디테일에서 차이가 조금 보인다면, 옵션값들을 조정해 볼 수도 있습니다.

```
> ORplot(fit, type=2, show.OR=FALSE, show.CI=TRUE,
lwd=3, col=c("darkblue", "red"), main="Plot of OR" )
```

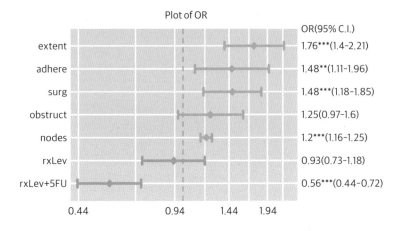

```
> ORplot(fit, type=3, show.OR=FALSE, show.CI=TRUE,
lwd=4, col=c("darkblue", "red"), main="Plot of OR")
> ?ORplot()
```

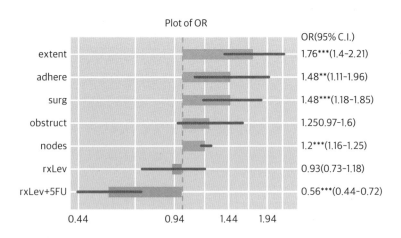

많이 쓰는 몇몇 옵션의 기능을 정리하면 아래와 같습니다.

show.OR=FALSE: 그래프 막대 위에 교차비 값이 보이지 않게 가립니다.

show.CI=TRUE: 그래프 우측에 교차비와 신뢰 구간을 정리해서 보여 줍니다.

lwd=4: 막대의 굵기를 정하는 값입니다. 기본값은 2로 설정되어 있습니다.

col=c("darkblue", "red"): 1을 기준으로 교차비가 1 이상인 경우의 그래프 색상과 교차비가 1 이하인 경우의 색상을 설정할 수 있습니다.

main='제목': 그래프 상단에 '제목'을 달아 줍니다.

해당 옵션들을 바꾸고 조합해 가며 여러분만의 그래프를 만들어 보세요. 이제 여러분은 로지스틱 회귀 모형을 정리해서 발표할 준비를 마치셨습니다. 여러분의 데이터로 다양한 분석을 해서 큰 성과를 얻으시길 바랍니다.

16강 결과 변수가 유병률처럼 빈도인 경우의 현상 설명하기
푸아송 회귀 분석

로지스틱 회귀 분석이 이분형 결과 변수를 예측하기 위한 것이었다면, 푸아송 회귀 분석은 사망률이나 질병 발생률과 같이 확률을 예측하기 위한 방법입니다. 확률이란 정해진 시간 안에 어떤 사건이 일어날 횟수를 말하죠. 횟수는 연속형 변수가 아닌 정수이기 마련입니다. 그래서 하루에 발생하는 출생자 수를 예측하고 싶다거나, 특정량의 방사선을 DNA에 쬐었을 때 발생하는 돌연변이의 수를 예측할 때도 푸아송 회귀 분석을 씁니다. 로지스틱 회귀 분석이 결과가 두 가지로 양분되는 경우에 쓰였다면, 푸아송 회귀 분석은 결과가 연속형 변수가 아닌 도수 자료(count data)일 때 사용된다고 기억하시면 되겠습니다. 여기서 한 가지 주의해야 할 점은 사건들이 서로 영향을 미치지 않는 분포여야 한다는 점입니다. 이를테면, 특정 지역의 지진 발생 수는 푸아송 분포를 이용할 수 없습니다. 한 번의 지진이 그다음 지진이 발생할 가능성에 영향을 미치기 때문이죠.

푸아송 회귀 분석 따라 하기

이번 장에서는 robust 패키지에 들어 있는 breslow.dat 데이터 세트를 활용해서 연습해 보려고 합니다. 해당 데이터 세트에는 단순 부분 발작(simple partial seizure) 또는 복합 부분 발작(complex partial seizure) 환자 59명을 두 그룹으로 나누어 각각 프로가바이드(progabide)라는 약과 위약(placebo)을 복용시킨 뒤, 투약 전후의 발작에 대해 기록한 데이터가 담겨 있습니다. 우리는 뇌전증 발작의 빈도에 약의 종류가 예측 인자로서 의미가 있는지 알아보는 분석을 하려 합니다.

```
> ##### Poisson Regression #######
> install.packages("robust")    # robust라는 패키지를
설치합니다.


The downloaded binary packages are in
    /var/folders/j1/ygmjf9mj5k52m70wbvnxjs_w0000gn/T//
Rtmpri0Xms/downloaded_packages
> library(robust)               # robust 패키지를
실행합니다.
Warning: package 'robust' was built under R version 3.5.2
Loading required package: fit.models
> data(breslow.dat, package = "robust")    # robust 안에
들어 있는 breslow.dat 라는 데이터 세트를 불러옵니다.
> str(breslow.dat)             # str() 함수를 이용해서 데이터
```

세트의 구성을 살펴봅니다.

```
'data.frame':   59 obs. of  12 variables:
 $ ID   : int  104 106 107 114 116 118 123 126 130 135
...
 $ Y1   : int  5 3 2 4 7 5 6 40 5 14 ...
 $ Y2   : int  3 5 4 4 18 2 4 20 6 13 ...
 $ Y3   : int  3 3 0 1 9 8 0 23 6 6 ...
 $ Y4   : int  3 3 5 4 21 7 2 12 5 0 ...
 $ Base : int   11 11 6 8 66 27 12 52 23 10 ...
 $ Age  : int   31 30 25 36 22 29 31 42 37 28 ...
 $ Trt  : Factor w/ 2 levels "placebo","progabide": 1 1 1
1 1 1 1 1 1 ...
 $ Ysum : int   14 14 11 13 55 22 12 95 22 33 ...
 $ sumY : int   14 14 11 13 55 22 12 95 22 33 ...
 $ Age10: num  3.1 3 2.5 3.6 2.2 2.9 3.1 4.2 3.7 2.8 ...
 $ Base4: num  2.75 2.75 1.5 2 16.5 6.75 3 13 5.75 2.5 ...
```

총 59명의 환자에 대해 12개의 변숫값이 담겨 있는 것을 볼 수 있습니다. 여기에 더해 각각의 열에 어떤 형식(integer 또는 factor 등)으로 데이터가 담겨 있는지와 순차적으로 입력된 값들을 일부 보여 줍니다. 이번 장에서는 여기서 한 걸음 더 나아가, 내부 데이터 세트들을 보다 자세히 살펴보는 방법 두 가지를 추가로 소개하겠습니다.

내부 데이터 세트의 정보를 확인하는 두 가지 방법

첫 번째는 물음표 기호를 활용하는 방법입니다. 그냥 데이터 세트 이름 앞에 물음표 기호 하나를 붙여 주면, 해당 데이터 세트에 대한 설명을 우측 하단의 Helper 창에 띄워 줍니다. 물론 영어로요. 해석해 보면, 각각의 열에는 다음의 값들이 담겨 있군요.

```
> ?breslow.dat    # 데이터 세트 이름 앞에 물음표만 붙여 주면
됩니다.
> ?str()          # 참고로 함수 이름 앞에서 물음표를 붙여서
실행하면, 해당 함수의 설명도 볼 수 있습니다.
```

ID: 환자 식별을 위한 숫자이니, 임상 시험 일련 번호라고 생
    각하시면 되겠네요.

Y1: 치료 시작 첫 일주일간의 뇌전증 발작 횟수입니다.

Y2: 치료 시작 후 둘째 주의 뇌전증 발작 횟수입니다.

Y3: 치료 시작 후 셋째 주의 뇌전증 발작 횟수입니다.

Y4: 치료 시작 후 넷째 주의 뇌전증 발작 횟수입니다.

Base: 치료 시작 전 8주간의 뇌전증 발작 횟수입니다.

Age: 아시죠? 나이입니다.

Trt: 치료 방법으로 위약과 프로가바이드 두 가지 중 어떤 것이 쓰였는지 factor값으로 담겨 있습니다.

Ysum: Y1 + Y2 + Y3 + Y4에 해당하는 값이고요.

sumY: 해당 값도 Ysum하고 동일한 값이 담겨 있습니다.

Age10: Age를 10으로 나눈 값이 담겨 있고요.

Base4: Base를 4로 나눈 값이 담겨 있다는군요.

여기에 더해 데이터 세트 각 열의 데이터 분포 또한 간략히 살펴볼 수 있는데요. 지금까지는 변수에 특정 모형을 담고 난 뒤, 모형에 담긴 주요 값들을 확인하기 위한 용도로만 썼던 summary() 함수가 여기에서도 요긴하게 쓰입니다.

```
> summary(breslow.dat)     # brelow.dat 데이터 세트에 담긴 각 칼럼
데이터의 분포를 살펴봅니다.

      ID               Y1                Y2                Y3
 Min.   : 101.0   Min.   :  0.000   Min.   :  0.000   Min.   : 0.000
 1st Qu.: 119.5   1st Qu.:  2.000   1st Qu.:  3.000   1st Qu.: 2.000
 Median : 147.0   Median :  4.000   Median :  5.000   Median : 4.000
 Mean   : 168.4   Mean   :  8.949   Mean   :  8.356   Mean   : 8.441
 3rd Qu.: 216.0   3rd Qu.: 10.500   3rd Qu.: 11.500   3rd Qu.: 8.000
 Max.   : 238.0   Max.   :102.000   Max.   : 65.000   Max.   :76.000
       Y4               Base              Age              Trt
 Min.   : 0.000   Min.   :   6.00   Min.   : 18.00   placebo  :  28
```

1st Qu.: 3.000	1st Qu. : 12.00	1st Qu. : 23.00	progabide: 31
Median : 4.000	Median : 22.00	Median : 28.00	
Mean : 7.305	Mean : 31.22	Mean : 28.34	
3rd Qu.: 8.000	3rd Qu.: 41.00	3rd Qu. : 32.00	
Max. :63.000	Max. : 151.00	Max. : 42.00	

Ysum	sumY	Age10	Base4
Min. : 0.00	Min. : 0.00	Min. : 1.800	Min. : 1.500
1st Qu.: 11.50	1st Qu.: 11.50	1st Qu.: 2.300	1st Qu. : 3.000
Median : 16.00	Median : 16.00	Median : 2.800	Median : 5.500
Mean : 33.05	Mean : 33.05	Mean : 2.834	Mean : 7.805
3rd Qu.: 36.00	3rd Qu.: 36.00	3rd Qu. : 3.200	3rd Qu. :10.250
Max. :302.00	Max. : 302.00	Max. : 4.200	Max. : 37.750

결과를 보면, 각각의 열에 담긴 데이터의 분포가 어떤지 간략하게 요약된 것을 확인할 수 있습니다. Base값을 예로 들어 설명하면 다음과 같습니다.

Base

Min.: 6.00 → 데이터 중 최솟값은 6이라는 뜻입니다.

1st Qu.: 12.00 → 제1 사분위수가 12.00이라는 의미로, 데이터의 25퍼센트가 이 값보다 작거나 같다는 의미입니다.

Median: 22.00 → 전체 데이터를 일렬로 세웠을 때, 딱 중간 등수를 한 데이터의 값이 22.00이라는 뜻입니다.

Mean: 31.22 → 전체 데이터의 평균이 31.22라는 거고요.

> 3rd Qu.: 41.00 → 제3 사분위수가 41.00이라는 의미로, 데이터의 75퍼센트가 이 값보다 작거나 같다는 의미입니다.

> Max.: 151.00 → 데이터 중 가장 큰 값이 151.00이라는 거죠.

과산포 유무를 확인해 최종 푸아송 회귀 모형 확정하기

이제 푸아송 회귀 모형을 구해 보도록 하겠습니다. 푸아송 회귀 분석에서도 로지스틱 회귀 분석과 마찬가지로 과산포의 유무에 따라 분석 코드의 옵션이 달라집니다. 먼저 breslow.dat 데이터 세트에서 결과 변수에 해당하는 sumY의 과산포 유무를 알아보는 방법은 아래와 같습니다.

> install.packages("qcc") *#과산포를 확인해 주는 overdispersion.test() 함수가 이 패키지 안에 담겨 있습니다. 먼저 설치해야겠죠.*

```
The downloaded binary packages are in
    /var/folders/j1/ygmjf9mj5k52m70wbvnxjs_w0000gn/T//
Rtmpri0Xms/downloaded_packages
```
> library(qcc)   *#설치한 qcc 패키지를 실행합니다.*
```
Package 'qcc' version 2.7
Type 'citation("qcc")' for citing this R package in
```

publications.

```
> qcc.overdispersion.test(breslow.dat$sumY,
type="poisson")    #함수에 결과 변수를 첫 번째 매개 변수로
담고, 옵션은 poisson으로 설정하세요.


Overdispersion test Obs.Var/Theor.Var Statistic p-value
         poisson data          62.87013  3646.468        0
```

결과에서는 $p-$값을 확인하면 됩니다. 해당 값이 0에 근사하므로 0.05보다 비교도 되지 않게 작군요. 그렇다면 과산포를 한다고 해석하게 됩니다. 과산포를 하는 경우에는 glm() 함수에 family 옵션을 quasipoisson으로 설정합니다. 반대로 $p-$값이 0.05보다 크게 나왔다면 과산포가 없다고 가정하고 family 옵션을 poisson으로 설정하면 됩니다.

```
> fit = glm(sumY ~ Base + Age + Trt, family =
quasipoisson, data= breslow.dat)    #결과 변수는 sumY, 독립
변수는 Base, Age, Trt를 모두 담아서 기본 일반화 선형 모형을
만들었습니다.
> summary(fit)    #fit 변수에 담긴 푸아송 회귀 모형을
살펴봅니다.
```

Call:

glm(formula = sumY ~ Base + Age + Trt, family = quasipoisson,

   data = breslow.dat)

Deviance Residuals:

Min	1Q	Median	3Q	Max
-6.0569	-2.0433	-0.9397	0.7929	11.0061

Coefficients:

	Estimate	Std. Error	t value	Pr(>｜t｜)
(Intercept)	1.948826	0.465091	4.190	0.000102 ***
Base	0.022652	0.001747	12.969	< 2e-16 ***
Age	0.022740	0.013800	1.648	0.105085
Trtprogabide	-0.152701	0.163943	-0.931	0.355702

Signif. codes: 0 '***' 0.001 '**' 0.01 '*' 0.05 '.' 0.1 ' ' 1

(Dispersion parameter for quasipoisson family taken to be 11.76075)

```
     Null deviance: 2122.73  on 58  degrees of freedom
Residual deviance:  559.44  on 55  degrees of freedom
AIC: NA

Number of Fisher Scoring iterations: 5
```

　　독립 변수 3개 중 '치료 시작 전 8주간의 뇌전증 발작 횟수'는 $p-$값이 2×10^{-16}으로 매우 작아서, 회귀 계수(0.022652) 자체는 크지 않지만 결과 변수인 sumY 값을 가장 잘 예측함을 알 수 있습니다. 하지만 나머지 독립 변수인 '나이'와 '프로가바이드 투약'은 $p-$값이 모두 0.05보다 크게 나와서 결과 변수를 제대로 예측하지 못하는군요. 나이가 결과에 영향을 미치지 못하는 건, 환자의 노령화가 치료 결과에 영향을 미치지 못한다는 것으로 해석할 수 있으니 늙어가는 한 사람으로 다행스러운 결과입니다. 하지만 프로가바이드 투약도 결과에 영향을 미치지 못했다는 건, 더 나은 치료 효과를 기대하고 만든 신약이 효과 면에서 위약과 차이가 없었다는 결론이군요. 신약을 개발한 연구자와 제약사의 한숨이 결과에 묻어 나오는 것 같습니다.

푸아송 회귀 분석 결과를 교차비 테이블로 정리하기

로지스틱 회귀 분석에서와 마찬가지로 교차비 테이블을 만들어 보겠습니다. 방법도 동일하니 자세한 설명은 생략합니다.

```
> install.packages("moonBook")   # 앞에서 moonBook을
```
설치했다면 생략해도 됩니다.

The downloaded binary packages are in
    /var/folders/j1/ygmjf9mj5k52m70wbvnxjs_w0000gn/T//
Rtmpri0Xms/downloaded_packages

```
> library(moonBook)      # moonBook 패키지를 실행합니다.
> extractOR(fit)         # 앞 장에서와 동일하게 extractOR()
```
함수에 직전에 구했던 fit 푸아송 모형을 담습니다.

	OR	lcl	ucl	p
(Intercept)	7.02	2.82	17.47	0.0001
Base	1.02	1.02	1.03	0.0000
Age	1.02	1.00	1.05	0.1051
Trtprogabide	0.86	0.62	1.18	0.3557

```
> extractOR(fit, digits = 3)  #간혹, 구한 값들의 소수점 자리를
```
통일해 달라는 리뷰어의 요청이 올 때가 있습니다. 그럴 때 당황하지
마시고, digits 옵션을 이용해 보세요. 지정한 소수점 자리에 딱 맞춰
줍니다.

	OR	lcl	ucl	p
(Intercept)	7.020	2.821	17.468	0.0001

Base	1.023	1.019	1.026	0.0000
Age	1.023	0.996	1.051	0.1051
Trtprogabide	0.858	0.622	1.184	0.3557

푸아송 회귀 분석 결과를 그래프로 그리기

마찬가지로 그래프도 그려 보겠습니다. 방법은 15강과 동일합니다. 아래 옵션은 제가 좋아하는 스타일일 뿐입니다. 여러분은 여러분만의 스타일로 그래프를 그려 보세요.

```
> ORplot(fit, type = 2, show.CI=TRUE, main="Plot for
Quasipoisson")
```

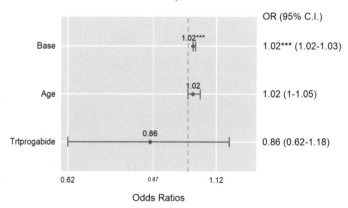

변수별 교차비 값을 하나의 그래프로 보여 준다.

로지스틱 회귀 분석과 푸아송의 작업 과정은 상당 부분 겹칩니다. 덕분에 푸아송 회귀 분석은 페이지 분량이 적습니다. 하지만 오히려 차례 순서와는 별개로 푸아송 회귀 분석부터 읽으시는 독자분에게는 불친절한 장이 될 수도 있겠다는 우려도 생기네요. 혹시라도 이해가 어려웠다면 앞 강의의 내용들을 참고하시기 바랍니다.

17강 **실험군과 대조군의 생존율 비교하기**
생존 분석

드디어 생존 분석에 대해 알아볼 시간입니다. 제가 썼던 여러 편의 과학 인용 색인(science citation index, SCI) 등재 논문에서 가장 높은 비율로 활용했던 분석이 바로 생존 분석입니다. 이름에서 알 수 있는 것처럼, 생존 분석은 생존율을 비교하고자 하는 연구 설계에서 흔히 이용됩니다. 이를테면 A라는 항암제 투약군과 위약군의 5년 생존율이 실제로 차이가 있는지 없는지를 알아보는 연구 등에서 말이죠. 하지만 꼭 생존율만을 비교하는 것만은 아닙니다. 참고로 저는 제가 사용했던 생존 분석 중에 생존율을 분석한 경우는 단 한 건도 없었습니다. 모두 질환군과 대조군 사이의 특정 타 질환에 대한 유병률을 비교하는 연구(A 질환 유병자 그룹과 대조군을 관찰했을 때 B 질환의 유병률에 차이가 있는지 비교·분석하는 연구)였지요. 이토록 활용도가 다양한 생존 분석을 지금부터 배워 보도록 하겠습니다.

중도 절단이란

생존 분석을 이용한 연구 설계에서, 가장 중요한 부분은 중도 절단(censoring)을 정확히 이해하고 데이터를 취합하는 것입니다. 이

부분이 어찌 보면 로지스틱 회귀 분석과 비슷해 보이는 생존 분석에서 가장 큰 차이점이죠. 생존 분석도 로지스틱 회귀 분석처럼 '생존/사망'과 같은 이분형 결과 변수를 예측하지만, 관찰 기간에 대한 고려가 반영되기 때문이죠. '관찰 기간에 대한 고려'란 관찰 기간이 중도에 절단되어서 우리가 관찰하고자 하는 결과 변수가 중단된 관찰 기간으로 말미암아 관찰되지 않았을 가능성에 대한 고려라고 생각하시면 됩니다. 대표적인 관찰 기간의 중도 절단 사례는 다음과 같습니다.

① 관찰 기간 중 여러 이유 때문에 환자가 연구 진행에서 탈락한 경우. 예를 들어 환자의 이사나 단순 변심 등의 이유로 임상 시험에서 추적 소실(follow-up loss)된 경우.

② 생존/사망을 분석하는 경우에 우리가 예상했던 원인이 아닌 다른 이유로 사망한 경우. 예를 들어 항암제에 대한 생존 분석 중 교통 사고로 사망한 경우.

③ 관찰 기간 중 결과 변수에 대한 이벤트 없이 연구가 종료된 경우. 예를 들어 항암제에 대한 생존 분석 연구를 7년간 진행하는 도중 사망하지 않은 경우. A 질환 유병자 그룹과 대조군에서 B 질환의 유병률을 5년간 지속 관찰했으나, 관찰 종료 시점까지 B 질환이 발병하지 않은 경우.

이런 경우에 해당한다면, 이벤트가 발생하지 않았다고 단정 짓기보다는 관찰 기간이 '이벤트 발생까지의 소요 시간'보다 짧았다고 해석하는 게 합리적이겠죠. 그래서 생존 분석에서 중도 절단된 자료(censored data)의 관찰 기간에는 '+' 기호를 붙여서 표시하게 됩니다. 예를 들어 2020년 1월 1일 1년간의 항암제 임상에 참여해 2020년 12월 31일 종료되는 시점에 생존해 있는 환자의 관찰 기간은 '364'일이 아니라 '364+'일이 되는 거죠. 물론 이런 것을 자동으로 해 주는 함수가 있으니, 여러분은 개념만 정확히 익히시면 됩니다.

생존 분석 따라 하기

이번 실습에서는 로지스틱 회귀 분석에서 이용했던 survival 패키지 안의 colon 데이터 세트를 그대로 활용해 보도록 하겠습니다.

```
> ####### Survival Analysis #######
> install.packages("survival")   # survival 패키지를
설치합니다. 앞 장에서 설치했다면 생략합니다.


The downloaded binary packages are in
    /var/folders/v6/6j79nggn3xq7n_pvd0z0r3qw0000gn/T//
RtmpSWPKpe/downloaded_packages
```

```
> require(survival)    # survival 패키지를 실행합니다.

Loading required package: survival

Warning: package 'survival' was built under R version
3.5.2

> data(colon)    # 패키지 안의 colon 데이터 세트를 불러옵니다.

> colon1 <- na.omit(colon) # 열에 비어 있는 데이터가 있는 행을
모두 제거하고, 남은 데이터 세트를 colon1에 담습니다.

> str(colon1)    # colon1 데이터 세트의 구조를 살펴봅니다.

'data.frame':    1776 obs. of  16 variables:

 $ id      : num  1 1 2 2 3 3 4 4 5 5 ...

 $ study   : num  1 1 1 1 1 1 1 1 1 1 ...

 $ rx      : Factor w/ 3 levels "Obs","Lev","Lev+5FU": 3 3
3 3 1 1 3 3 1 1 ...

 $ sex     : num  1 1 1 1 0 0 0 0 1 1 ...

 $ age     : num  43 43 63 63 71 71 66 66 69 69 ...

 $ obstruct: num  0 0 0 0 0 0 1 1 0 0 ...

 $ perfor  : num  0 0 0 0 0 0 0 0 0 0 ...

 $ adhere  : num  0 0 0 0 1 1 0 0 0 0 ...

 $ nodes   : num  5 5 1 1 7 7 6 6 22 22 ...

 $ status  : num  1 1 0 0 1 1 1 1 1 1 ...

 $ differ  : num  2 2 2 2 2 2 2 2 2 2 ...

 $ extent  : num  3 3 3 3 2 2 3 3 3 3 ...
```

```
$ surg     : num  0 0 0 0 0 0 1 1 1 1 ...
$ node4    : num  1 1 0 0 1 1 1 1 1 1 ...
$ time     : num  1521 968 3087 3087 963 ...
$ etype    : num  2 1 2 1 2 1 2 1 2 1 ...
 - attr(*, "na.action")= 'omit' Named int  127 128 165 166
179 180 187 188 197 198 ...
  ..- attr(*, "names")= chr  "127" "128" "165" "166" ...
> View(colon1)
```

지금까지의 코드 중에서 이해가 어려운 내용이 있다면 15강 「로지스틱 회귀 분석: 결과 변수가 이분 변수인 경우」를 참고하시기 바랍니다. 여기까지 잘 따라오셨다면, 중도 절단된 관찰 기간에 대한 처리를 살펴보도록 하겠습니다. colon1 데이터 세트에서 status 행에는 단순히 생존과 사망의 결과 이상의 의미가 담겨 있습니다. 정확히는 중도 절단 상태(censoring status)입니다. 절단 안된/중도 절단된(uncensored/censored data) 데이터가 '1'과 '0'으로 라벨링되어 있습니다. 여기서 '절단 안 된'이라는 의미에 대해서 상세히 들여다봐야 합니다. 절단이 되지 않았다는 것은 엄밀히 말해, 우리가 기록하고자 하는 최종 결과 변수까지 관찰이 완료되었다는 의미입니다. 생존/사망 연구에서는 사망에 이른 환자가 절단 안 된 사례에 해당합니다. 그 이외에 환자가 먼 지역으로 이사를 가거나, 단순 변심으로 임상 시험에서 탈락한 경우, 관심 질환이 아닌 사고에 따른 사망으로 관찰이 절단된 경우는 모두 중도 절단된 사례인 거지요. 중도 절단의 의미를 연구에 참여하는 모든 연구자가 제대로 이해하고 있어야 데이터 작성 시의 오류를 줄일 수 있습니다. (앞 장에서 status를 단순히 생존/사망으로만 분석했던 것은 로지스틱 회귀 분석을 설명하며 편의를 위해서니, 혼동 없으시기 바랍니다.)

중도 절단된 사례의 관찰 기간에 '+' 기호 붙이기

생존 분석에서는 중도 절단된 사례의 관찰 기간(time) 변숫값에는 '+' 기호를 붙여서 '중단 안 되고 완료된' 사례의 관찰 기간과 구분한다고 설명했습니다. 이를 자동으로 실행해 주는 함수가 survival 패키지 안의 Surv() 함수입니다.

```
> colon1$TS <- Surv(colon1$time, colon1$status==1)   #
status가 1인 절단 안 된 완료 사례를 제외한 나머지 행(중도
절단된)들의 time 변숫값에 '+' 기호를 붙여서 항암제에 따른 생존
기간(TS) 열에 담아 줍니다.
> View(colon1)
```

실행 전과 실행 후의 colon1 데이터 세트를 살펴보시면 Surv() 함수의 기능을 더 쉽게 이해할 수 있으리라 생각됩니다.

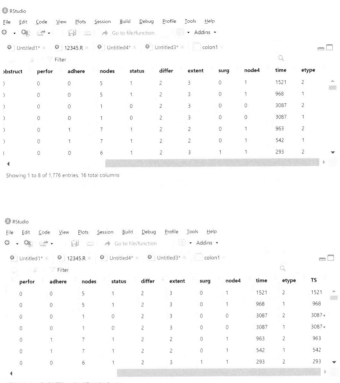

실행 후의 데이터 세트를 살펴보면, status 열의 값이 1인 경우는 관찰 기간 열의 값이 그대로 항암제에 따른 생존 기간 열에 복사된 것과 달리, status 열의 값이 0인 경우는 관찰 기간 열의 값에 '+' 기호가 붙어서 항암제에 따른 생존 기간 열에 기록된 것을 확인할 수 있습니다. 이제 생존 분석을 위한 준비는 거의 끝났

습니다. 궁금한 결과부터 그래프를 그려서 바로 확인해 보도록 하겠습니다. 그래프를 그려 보면 우리가 궁금해 하는 독립 변수에 따른 생존율에 차이가 있는지 직관적으로 확인해 볼 수 있으니까요. 여기에서는 항암제에 따른 생존 기간을 가지고 그래프를 그려 보겠습니다.

```
> fit = survfit(TS ~ rx, data=colon1)   # survfit() 함수에
결과 변수와 독립 변수를 '~'로 연결해서 넣어 줍니다.
> plot(fit)     # fit에 담긴 survfit() 함수의 계산값을 plot()
함수에 넣어 주면 됩니다.
```

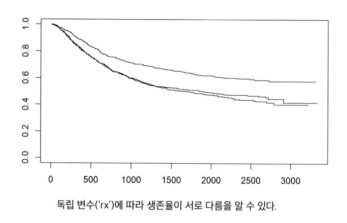

독립 변수('rx')에 따라 생존율이 서로 다름을 알 수 있다.

뚝딱 결과가 나왔습니다. 일단 3개의 줄이 그래프 위에 그려졌고, 그중 하나의 선이 유독 아래 두 선과 구별되니 뭔가 해석할

만한 결과가 나온 모양입니다. 그런데 세 줄 모두 동일하게 검은 실선으로 그려진 터라 어떤 항암제의 결과가 나머지 둘과 달랐는지 알 수가 없죠. 그러면 3개의 줄이 어떤 항암제에 따른 결과인지 구별해 보도록 하겠습니다.

> plot(fit, lty=1:3)   # *lty 옵션은 선을 서로 다른 세 가지 타입으로 그려 줍니다.*
> legend("topright", legend=levels(colon1$rx), lty=1:3) # *세 가지 타입의 선에 대한 주석을 달아 줍니다.*

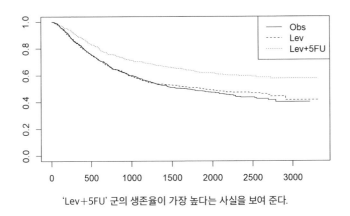

'Lev+5FU' 군의 생존율이 가장 높다는 사실을 보여 준다.

이제야 각각의 선이 어떤 환자군의 결과인지 알 수 있게 되었네요. 검은 실선은 항암제를 쓰지 않고 관찰한 군(Obs)이고, 굵은 점선은 원래는 기생충 감염 치료제인 레바미솔(levamisole)을 처방했던 환자군(Lev), 짧은 점선은 레바미솔에 더해 항암제 카페시타 빈(capecitabine)을 처방했던 환자군(Lev+5FU)이군요. 예전에는 이렇게 그려서 바로 학회지에 투고를 했습니다. 색을 넣어서 예쁘게 보내면, 종이 출판을 해야 하니 색을 빼고 다시 보내 달라고 메일이 오거나 컬러 인쇄에 따른 추가 비용 고지서가 날아오곤 했죠. 그런데 최근에는 전자 출판이 대세가 되면서 오히려 색 없이 그래프를 보내면 자신들이 예쁘게 다시 그려 줄 테니 디자인 비용을 추가로 내라더군요. 그래서 이제는 컬러 그래프도 그릴 줄 알아야 합니다. 바로 아래 그래프처럼 말이죠.

```
> plot(fit, col=1:3, lty=1:3)   # col= 1:3이라는 옵션은 세
가지의 색으로 각각의 그래프를 그려 줍니다.
> legend("topright", legend=levels(colon1$rx), col=1:3,
lty=1:3)   # 각각의 색에 대한 주석을 달아 줍니다.
```

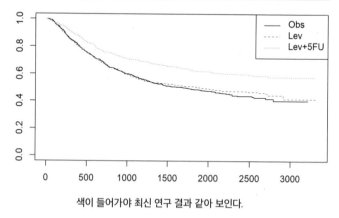

색이 들어가야 최신 연구 결과 같아 보인다.

생존율이 아닌 누적 유병률에 대한 그래프가 필요한 경우

여기서 plot() 함수의 옵션 중에 추가로 꼭 하나 더 배우고 가야하는 것이 있습니다. fun="cumhaz" 옵션인데요. 앞서 설명했던 것처럼 생존 분석은 생존율 분석 이외에 유병률 분석에서도 쓰이거든요. 해당 옵션은 그래프의 위아래를 뒤집어서 보여 줍니다. 일단 그래프부터 그려 놓고 보면 이해가 쉽습니다.

```
> plot(fit, col=1:3, lty=1:3, fun ="cumhaz",
mark.time=FALSE, ylab = "Cumulative hazard")
> legend("topleft", legend=levels(colon1$rx), col=1:3,
lty = 1:3) # 우상단이 좁아서, 주석을 좌상단으로 옮겼습니다.
```

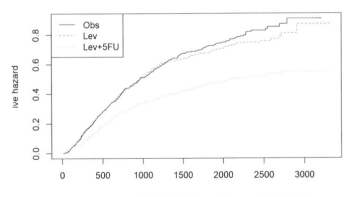

유병률 분석에서는 대개 이렇게 위아래를 반대로 그려서 보여 준다.

그래프가 시간의 흐름에 따라 증가하는 방향으로 위아래가 뒤집어진 모습을 볼 수 있습니다. 생존율 비교 연구에서는 일단 실험군과 대조군이 모두 생존해 있는 시점에서 시작해 시간이 흐름에 따라 사망자가 발생 그래프가 감소하는 방향으로 진행하게 됩니다. 때문에 하향 그래프가 직관적인 이해에 용이합니다. 하지만 실험군과 대조군의 특정 질환 A에 대한 유병률을 비교하는 연구에서는 두 그룹 모두 A 질환이 없는 상태에서 관찰을 시작해서, 시간의 흐름에 따른 유병의 증감을 표현해야 하기 때문에 상향 그래프가 오히려 직관적인 설명에 도움이 되죠. 물론 어차피 생존 분석을 이용한 것이니 하향 그래프로 그리고 y축에 누적 위험(cumulative hazard)이라고만 명시해도 딱히 틀렸다고 할 수는 없습니다. 하지만 리뷰어들이 고개를 갸웃거리기 마련이죠. 참고로 제가 출판했던 첫 번째 생존 분석을 활용한 유병률 연구는 하향 그래프로 결과를 제시하는 바람에 리뷰 과정에서 에디터와 리뷰어들을 이해시키는 데 애를 먹었습니다. 여러분은 저와 같은 고생을 피하시길 바랍니다.

로그 순위 검정법을 이용해서 p-값 구하기

그래프를 보면, 일단 레바미솔에 더해 카페시타빈을 처방한 환자 그룹의 생존율이 항암제를 쓰지 않고 관찰한 그룹이나 레바미솔을 단독으로 처방한 그룹과는 두드러지게 차이가 나는 것을 볼 수 있습니다. 하지만 과학 논문을 쓰면서 "이 정도면 눈에 띄게 차이가 난다."라고 쓸 수는 없죠. 통계적으로 의미 있는 차이인지를 제시하기 위해 우리는 $p-$값을 구해야 합니다. 생존 분석에서 그룹 간의 생존율(또는 유병률)이 차이가 있는 지는 로그 순위 검정법(log rank test)을 사용해서 구합니다.

> survdiff(TS~rx, data=colon1) *#survdiff() 함수에 앞서 구한 항암제에 따른 생존 기간 열과 항암제 변수를 넣어 주면 됩니다.*

Call:
survdiff(formula = TS ~ rx, data = colon1)

	N	Observed	Expected	(O-E)^2/E	(O-E)^2/V
rx=Obs	610	336	288	8.12	12.11
rx=Lev	588	310	279	3.37	4.95
rx=Lev+5FU	578	230	309	20.20	31.28

 Chisq= 31.8 on 2 degrees of freedom, p= 1e-07
> survdiff(Surv(time,status==1)~rx, data=colon1)
#항암제에 따른 생존 기간 열을 구했던 공식을 이렇게 풀어 써 줘도 결과는 같겠죠.

결과가 10^{-7}으로 0.05보다도 훨씬 작게 나왔습니다. 세 그룹의 생존율이 매우 크게 차이가 난다는 것을, 우리는 이제 통계적으로도 의미 있는 차이라고 쓸 수 있게 되었네요. 그런데 해당 $p-$값만 가지고는 세 그룹 중 어떤 그룹 간의 차이인지 알 수가 없죠. 그래서 대조군과 개별 그룹의 차이가 어떤지 알아보는 과정이 필요합니다. 마치 세 그룹 이상의 평균 비교에서 사후 검정이 필요했던 것처럼요.

콕스 비례 위험 모형을 활용한 그룹 간 위험률 구하기

여기서는 통계학자 데이비드 콕스가 1972년에 개발한 비례 위험 모형을 사용합니다. 여기서 사용할 함수는 콕스 비례 위험 모형(cox proportional hazards model)을 의미하는 coxph()입니다. survdiff() 함수에 넣었던 내용을 이번에는 그대로 옮겨서 coxph() 함수에 넣어 주기만 하면 됩니다.

```
> out = coxph(TS~rx, data= colon1) #coxph() 함수의
출력값을 out에 담아서 summmary() 함수로 읽어서 결과를
확인합니다.
> out = coxph(Surv(time, status==1)~rx, data=colon1)
#이렇게 풀어 써도 결과는 같습니다. 하지만 복잡하고 길게 코딩을
하다 보면 나중에 사소한 오타 등의 잘못이 있을 때 찾기가 어렵기
```

때문에 실력이 쌓일수록 코드를 무조건 길게 작성하기보다는 가독력이 좋은 방향으로 쓰게 됩니다.

> summary(out) #out에 담았던 coxph() 함수의 출력값을 summary() 함수에 넣어 주면 우리가 원하는 각 그룹 간 위험률(hazard ratio, HR)을 확인할 수 있습니다.

```
Call:
coxph(formula = Surv(time, status == 1) ~ rx, data =
colon1)

  n= 1776, number of events= 876

             coef exp(coef) se(coef)       z  Pr(>|z|)
rxLev     -0.05134   0.94996  0.07876  -0.652    0.514
rxLev+5FU -0.45147   0.63669  0.08564  -5.2721.35e-07 ***
---
Signif. codes:  0 '***' 0.001 '**' 0.01 '*' 0.05 '.' 0.1 ' '
1

          exp(coef) exp(-coef) lower .95 upper .95
rxLev        0.9500      1.053    0.8141    1.1085
rxLev+5FU    0.6367      1.571    0.5383    0.7531
```

```
Concordance= 0.546  (se = 0.009 )
Likelihood ratio test= 33.21  on 2 df,    p=6e-08
Wald test              = 31.28  on 2 df,    p=2e-07
Score (logrank) test = 31.76  on 2 df,    p=1e-07
> summary(coxph(Surv(time, status==1)~rx, data=colon1))
#참고로 이렇게 한 줄로 쓸 수도 있겠죠.
```

　결과를 살펴보면, 항암제를 쓰지 않고 관찰한 그룹에 대한 레바미솔 단독 처방 그룹의 위험률이 평균 0.95입니다. 하지만 95퍼센트 신뢰 구간이 0.8141(하한값)~1.1085(상한값)로 1을 포함하기 때문에 항암제를 쓰지 않고 관찰한 그룹(대조군)과 의미 있는 위험률의 차이는 없다는 사실을 알 수 있습니다. 그러나 항암제를 쓰지 않고 관찰한 그룹에 대한 (레바미솔에 카페시타빈까지 처방한) 그룹의 위험률은 0.6367임과 동시에 95퍼센트 신뢰 구간이 0.5383~0.7531로 1을 범위에 포함하지 않기 때문에 대조군에 비해 생존율에서 의미 있는 수준의 감소를 보였다는 점을 확인할 수 있네요. 레바미솔 약제의 단독 투여만으로는 항암제 투약 없이 관찰한 그룹보다 생존율에서 차이가 없지만, 레바미솔과 카페시타빈을 병행 처방하면 대조군에 비해 생존율에서 의미 있는 개선 효과가 있었던 겁니다. 임상 연구를 진행한 의사 입장에서는 정말 반가운 결과네요.

비례 위험 모형에 담을 최종 독립 변수 확정하기

회귀 분석을 공부하면서 계속 반복했던 과정이죠. 결과 변수 예측에 가장 유리한 독립 변수의 조합을 찾는 일입니다. 먼저 독립 변수의 자격이 없는 독립 변수들, 이를테면 id와 study, time, status, etype 값은 빼고 1차로 콕스 비례 위험 모형을 만든 뒤에, 후진 단계별 방식으로 최종 모형을 만들어서 final에 담아 보겠습니다.

```
> out2 = coxph(TS~ .-id-study-time-status-etype,
data=colon1) # '~' 뒤의 마침표는 전체 독립 변수를 의미하고,
거기에서 id, study, time, status, etype을 '-' 기호를 이용해서
제외해 줍니다.
> final = step(out2, direction = "backward") # out2에 담긴
1차 모형을 기반으로 step() 함수를 backward 방향으로 지정해서
AIC 값이 가장 작은 모형을 최종적으로 선정해서 final이라는
변수에 담습니다.
Start:  AIC=12260.27
TS ~ (id + study + rx + sex + age + obstruct + perfor +
adhere +
    nodes + status + differ + extent + surg + node4 +
time +
```

```
   etype) - id - study - time - status - etype


            Df    AIC
- perfor    1   12259
- age       1   12259
- sex       1   12259
<none>          12260
- adhere    1   12262
- differ    1   12262
- obstruct  1   12265
- surg      1   12268
- nodes     1   12271
- rx        2   12286
- extent    1   12289
- node4     1   12296


Step:   AIC=12258.66
TS ~ rx + sex + age + obstruct + adhere + nodes + differ
+ extent +
    surg + node4


            Df    AIC
```

```
- age      1  12257
- sex      1  12257
<none>        12259
- adhere   1  12260
- differ   1  12260
- obstruct 1  12264
- surg     1  12267
- nodes    1  12269
- rx       2  12284
- extent   1  12288
- node4    1  12294

Step:  AIC=12257.22
TS ~ rx + sex + obstruct + adhere + nodes + differ +
extent +
    surg + node4

           Df   AIC
- sex      1  12256
<none>        12257
- differ   1  12259
- adhere   1  12259
```

```
- obstruct  1  12262

- surg      1  12266

- nodes     1  12268

- rx        2  12283

- extent    1  12286

- node4     1  12292


Step:  AIC=12256.03
TS ~ rx + obstruct + adhere + nodes + differ + extent +
surg +
    node4


          Df   AIC
<none>         12256

- differ    1  12258

- adhere    1  12258

- obstruct  1  12261

- surg      1  12264

- nodes     1  12266

- rx        2  12281

- extent    1  12285

- node4     1  12292
```

결과에서 AIC 값이 12256.03인 경우가 가장 모형의 예측 성능이 좋으며, 그때의 독립 변수 조합은 'rx + obstruct + adhere + nodes + differ + extent + surg + node4'인 것을 확인했습니다. 이제 각각의 독립 변수에 따른 위험률만 구해서 테이블로 정리만 하면 되겠군요. 로지스틱과 푸아송 회귀 분석에서도 반복했던 과정입니다.

```
> install.packages("moonBook")
> require(moonBook)
> HRplot(final, type=2, show.CI = TRUE) # 더 이상의 자세한
설명은 생략하겠습니다.
```

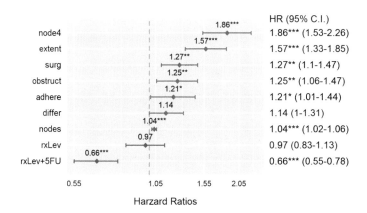

변수별 위험률을 하나의 그래프로 보여 준다.

지금까지 다섯 장에 걸쳐서 의학 임상 연구에서 가장 활용 빈도가 높은 단순, 다중, 로지스틱, 푸아송 회귀 분석, 그리고 생존 분석(비례 위험)을 알아봤습니다. 여기까지만 통달해도, 정년까지 연구하시는 데 큰 어려움이 없으리라 생각합니다. 여러분의 연구 인생에 '포스'가 늘 함께하길 바랍니다.

파일 경로 마스터하기

R과 RStudio에 입문하는 연구자들이 가장 많이 낙오하는 시점이 바로 데이터 파일을 읽어 오는 과정입니다. 그나마 도스(DOS) 시절에 컴퓨터를 시작했던 분들이 유일하게 강점을 보이는 대목이기도 한데요. 모든 pc에 윈도우가 보급된 이후로 파일의 경로(하드디스크 상에서의 주소)는 어느새 모두의 관심사에서 사라졌습니다. 윈도우 탐색기를 열고 마우스 클릭으로 폴더를 찾아다니면서 주소보다는 길눈으로 파일의 위치를 기억하기 시작한 거죠.

물론 도스로 대표되는 검은 화면에 글만 가득했던 커맨드 라인 인터페이스(command line interface, CLI)에서 모든 게 그래픽화된 그래픽 유저 인터페이스(graphic user interface, GUI)로의 전환은 컴퓨터 역사에서 엄청난 혁신이었음에는 틀림없습니다. 익숙하지 않은 사람들도 직관적으로 컴퓨터의 기능을 느끼고 활용할수 있게 해 주었으니까요. 문제는 이것입니다. "그렇다면 왜 아직도 컴퓨터 전문가(앱 개발자나 데이터 분석가)는 여전히 커맨드 라인 인터페이스를 선호할까요?" 바로 그래픽 유저 인터페이스를 구현하는 데 엄청나게 많은 컴퓨터의 리소스(처리 능력)가 사용되기 때문입니다. 실제로 그래픽 유저 인터페이스를 설치했던 구형 컴퓨터에 커맨드 라인 인터페이스를 새로 설치하면 속도가 최소 10배 이상 빨라집니다. 철갑을 두르고 칼을 휘두르던 장수가 민소매만 입고 칼춤을 추는 모습을 떠올리시면 되겠네요. 빅 데이터 분석으로 갈수록 커맨드 라인 인터페이스의 가치는 더 커집니다. 그래픽 유저 인터페이스 환경에서는 10시간이 걸리던 작업이 커맨드 라인 인터페이스에서는 10분 안에 계산되기도 하니까요. 그래서 가지고 있는 컴퓨터의 능력을 최대치로 끌어올리고자 실력이 붙으면 결국 커맨드 라인 인터페이스로 돌아가는 겁니다. 몇 가지 불편함을 감수하고라도요. 그 첫 번째 불편함이 파일의 경로(주소)에 다시 익숙해져야 한다는 겁니다. 지금부터 그래픽 유저 인터페이스 환경(윈도우와 맥 OS) 안에 숨어 있는 파일의 경로를 다시금 찾아보도록 하겠습니다.

윈도우에서 파일 경로 찾기

윈도우에서 파일의 경로를 확인하려면 먼저 해당 파일을 윈도우 탐색기에서 찾아야 합니다. 그 파일 위에 화살표를 놓고 마우스 오른쪽 버튼을 클릭하면, '속성'이라는 메뉴를 확인하실 수 있을 겁니다.

　'속성' 메뉴를 클릭하면 다음과 같은 창이 열리면서 '위치:'라는 항목이 보이실 거예요. 이게 바로 파일의 경로, 즉 주소입니다. 주소가 길어서 일부가 보이지 않네요. 마우스로 드래그를 해 보시면 전체를 확인하실 수 있습니다. C:드라이브에 있는 User 폴더 안의 jinmedi 폴더 안의 OneDrive 폴더 안의 projects 폴더 안

① 마우스
오른쪽 버튼 클릭

② 클릭

파일 경로

의 statistics_draft라는 폴더에 test.csv 파일이 있다는 것을 알게 되었습니다. 지인의 정확한 주소를 알아야 그 사람에게 등기 우편을 보낼 수 있는 것처럼, R에서는 이 주소를 알아야 해당 데이터 파일을 데이터 분석에 이용하실 수 있습니다.

맥OS에서 파일 경로 찾기

이번에는 같은 듯 조금 다른 맥 OS에서의 파일 경로 확인법을 알아보겠습니다. 마찬가지로 먼저 사용하고자 하는 파일을 파인더 (Finder) 상에서 찾아서 마우스 오른쪽 버튼을 클릭하세요. 트랙패드를 사용하는 유저라면 두 손가락 터치를 하시면 됩니다. 메뉴가 열리면서 '정보 가져오기'라는 항목이 보입니다. 그것을 클릭하세요.

아래와 같은 창이 열리면서 '위치:' 항목이 표시됩니다. 그게 맥에서의 파일 경로(주소)입니다. 여기서 하나 더 주목하셔야 할 점이 있습니다. '위치:' 우측에 표시되는 내용과 복사하고 붙여넣을 때 표시되는 내용이 다르다는 건데요. 오류(error)가 아니라, 붙여 넣기할 때 표시되는 내용이 실제 맥 OS에서의 주소이니 걱정하지 않으셔도 됩니다.

윈도우와 리눅스(맥 OS를 포함)에서 파일 경로를 적을 때 가장 큰 차이점은 폴더와 폴더 사이를 구분하는 특수기호입니다. 윈도우에서는 키보드에서 enter(또는 return) 키 바로 위에 위치한 '\'를 사용하고 리눅스에서는 오른쪽 shift 키의 좌측에 위치한 '/'를 사용합니다. 그런데 여러분이 윈도우에서 R을 사용하시면, 운영 시스템은 윈도우인데 프로그램은 리눅스에 뿌리를 둔 R을 쓰는 셈이기에 재미난 현상이 발생합니다. 윈도우 유저분들의 R에서는 폴더 구분 기호를 '\'로 쓰나, '/'로 쓰나 모두 오류 없이 작동하는 거죠. 그런데 반대로 리눅스 출신인 맥 OS 아래에서 R을 쓰는 분들은, 폴더 구분 기호를 꼭 '/'로 쓰셔야지, '\'를 썼다가는 컴퓨터가 이해하지 못하고 오류가 발생합니다. 그래서 R을 작업하는 동안에는 가급적 폴더 구분 기호로 '/'를 쓰시길 권해 드립니다. 그래야 작성하신 코드를 어떤 컴퓨터(윈도우든 리눅스, 맥 OS이든)에서 실행시켜도 오류 없이 작동할 수 있거든요.

윈도우에서 폴더를
구분하는 기호

리눅스(맥 OS)에서 폴더를 구분하는 기호:
윈도우 사용자라도 R에서는 이 기호가 통용됩니다.

경로 작성의 기준 두 가지

이제 파일의 경로(주소)를 찾으셨으니, 해당 주소를 편지 봉투에 기재해서 등기 우편을 보내는 방법을 알아보겠습니다. 동일한 주소이지만, 작성하는 방법이 두 가지가 있습니다. 마치 도로명 주소(신주소)와 지번 주소(구주소)처럼요. 이게 또 컴퓨터에 약한 분들을 당황하게 하는 부분이죠. 절대 경로는 이름에서 알 수 있는 것처럼 절대 변하지 않는 주소입니다. '대전광역시 유성구 엑스포로1번길 2−3'처럼 말이죠. 상대 경로는 내 집을 기준으로 정한 주소입니다. '우리 집 옆집' 이 그 예입니다.

절대 경로

저는 컴퓨터에 자신이 없는 분이라면 모든 파일 경로를 일단 절대 경로로 작성하시라고 권합니다. 절대 경로는 변하지 않는 주소라서 다른 어떤 준비(앞으로 설명드릴 내용입니다.)가 없이도 사용할 수 있습니다. 불편한 점이라면, 매번 긴 주소를 모두 타이핑해야 한다는 점과, 파일을 다른 컴퓨터로 옮길 때마다 주소를 모두 다시 수정해 주어야 한다는 점입니다. 컴퓨터가 바뀌면 파일의 위치도 변하니까요.

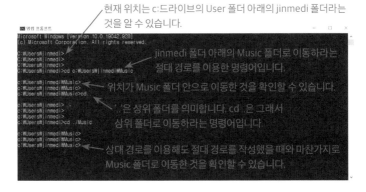

현재 위치는 c:드라이브의 User 폴더 아래의 jinmedi 폴더라는 것을 알 수 있습니다.

jinmedi 폴더 아래의 Music 폴더로 이동하라는 절대 경로를 이용한 명령어입니다.

위치가 Music 폴더 안으로 이동한 것을 확인할 수 있습니다.

'..'은 상위 폴더를 의미합니다. cd ..은 그래서 상위 폴더로 이동하라는 명령어입니다.

상대 경로를 이용해도 절대 경로를 작성했을 때와 마찬가지로 Music 폴더로 이동한 것을 확인할 수 있습니다.

상대 경로

상대 경로는 내가 현재 위치한 폴더, 또는 내가 기준으로 정한 폴더를 중심으로 정의하는 주소입니다. 그래서 일단 짧고, 컴퓨터를 옮겨도 기준만 동일하게 잡아 주면 주소를 새로 고치는 번거로움 없이 작업을 계속해서 진행할 수 있습니다. 주로 2개의 기준을 가장 많이 활용합니다. 하나는 '.'으로 표시되는 현재 폴더 위치를 기준으로 하는 겁니다. (부록 1 마지막의 예제를 보시면 이해가 쉬우실 겁니다.) 두 번째는 '~'로 표시되는 루트 디렉토리를 기준으로 하는 건데요. 로그인할 때 사용하는, 아이디 이름으로 되어 있는 폴더가 루트 디렉토리라고 생각하시면 쉽습니다.

파일 찾기 경로를 지정하는 방법

처음에는 대부분 절대 경로를 선호하지만, 파일 경로에 조금 익숙해지기 시작하면 상대 경로를 활용하고 싶어집니다. 그런데 상대 경로를 사용하기 위해서는 기준 위치를 설정하는 요령을 잘 숙지하고 있어야 합니다. RStudio에서 기준 위치를 설정하는 방법은 크게 상단 메뉴를 이용하는 방법과 setwd() 함수를 이용하는 방법이 있습니다. 하나씩 살펴보도록 하겠습니다.

상단 메뉴를 이용하는 방법

RStudio 상단의 'Session' 메뉴로 들어가면 'Set Working Directory' 메뉴가 있습니다. 이 안에는 다시 3개의 서브 메뉴가 있습니다. 'To Source File Location'은 확장자가 '.R'로 끝나는 R 스크립트 파일이 위치하는 공간을 기준으로 잡으라는 메뉴입니다. 그 밑의 'To Files Pane Location'은 우측 하단의 탐색기가 열려 있는 폴더의 위치를 기준으로 잡으라는 명령어입니다. 저는 초심자 분들에게는 이 방법을 가장 먼저 권합니다. RStudio의 탐색기도 윈도우 탐색기와 크게 다르지 않으니, 찾고자 하는 파일을 먼저 우측 하단의 탐색기에서 찾은 이후에 'To Files Pane Location' 메뉴를 실행하는 겁니다. 그 이후부터 마침표의 기준은 탐색기에서 열려 있는 창의 위치가 됩니다. 끝으로 서브 메뉴 중에서 가장 밑에 있는 'Choose Directory' 메뉴는 이름에서 알 수 있듯이 기준으로 정하고자 하는 폴더를 직접 선택할 수 있게 도와줍니다.

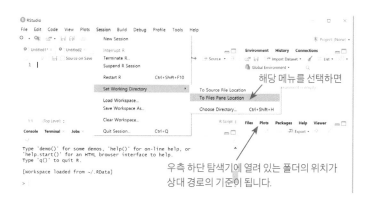

setwd() 함수를 이용하는 방법

마지막으로 명령어를 직접 입력해서 기준 폴더를 설정하는 방법을 알아보겠습니다. 사실 RStudio에서 메뉴를 선택하는 건 메뉴마다 미리 설정된 예약 명령어를 실행하는 것에 불과합니다. 실제로 서브 메뉴 중 'To Files Pane Location'을 선택하면, 좌측 하단의 콘솔 창에 setwd("~/OneDrive/projects/statistics_draft")라는 명령어가 자동으로 입력되면서 실행되는 모습을 확인할 수 있습니다. 때문에 해당 메뉴를 선택하지 않고, 동일한 명령어를 콘솔 창에 입력하거나 좌측 상단의 스크립트 창에 입력 후 실행해도 같은 결과를 얻을 수 있습니다. 마지막으로 절대 경로와 상대 경로를 이용해서 파일을 불러오는 과정을 서로 비교해 보겠습니다.

절대 경로를 이용해서 ch04_01.csv이라는 파일을 불러오는 방법

```
> test <- read.csv(file = "/Users/jinmedi/Downloads/
OneDrive/projects/statistics_draft/ch04_01.csv", header =
TRUE)
```

상대 경로를 설정하고 동일한 파일을 불러오는 방법

```
>setwd("/Users/jinmedi/Downloads/OneDrive/projects/
statistics_draft")
> test <- read.csv(file = "./ch04_01.csv", header = TRUE)
```

절대 경로에서 길었던 주소가 작업 디렉토리를 설정한 이후에는 마침표 하나로 동일하게 불러와지는 것을 보실 수 있습니다. 이 방법은 분석에 이용해야 하는 파일이 많을수록 당연히 빛을 발하겠죠. 파일 경로는 RStudio를 처음 이용하는 윈도우 유저들에게 늘 어려운 대목입니다. 이 부록에 표시를 해 놓고, 실습하는 과정에서 파일 읽어 오기가 제대로 되지 않으면 다시 이곳을 읽어 보시기 바랍니다.

<u>부록 2</u> 상대 위험도와 교차비의 차이

상대 위험도(relative risk, RR)와 교차비는 한국어로 번역하는 과정에서 대부분 '어떤 특정 상태(조건)가 다른 상태에 비해 몇 배정도 더 위험하다.'라는 식으로 동일하게 번역됩니다. 물론, 특정 상황에서 상대 위험도와 교차비가 비슷해지기도 하지만, 연구자라면 상대 위험도와 교차비의 개념적 차이에 대해 정확히 알고 있어야 합니다. 이번 장에서는 상대 위험도와 교차비에 대해 세세하게 살펴보도록 하겠습니다. 수학이 낯설고 어렵게 느껴지시는 분이라면 이 장은 그냥 건너뛰고 상대 위험도와 교차비가 절대로 같지 않다는 점만 숙지하셔도 괜찮습니다.

상대 위험도와 교차비

상대 위험도란 사건이 발생할 확률의 비를 계산한 값이고, 교차비란 성공과 실패의 비율을 계산한 값입니다. 이렇게만 쓰면 말장난하는 것 같으니, 바로 실제 데이터를 이용해서 상대 위험도와 교차비를 계산해 보도록 하겠습니다. 먼저, 임의로 2×2 표를 하나 준비해 보죠. 전날 음주의 유무와 익일 숙취 유무를 가지고 만든 표입니다. 해당 데이터를 가지고 상대 위험도와 교차비를 계산해 보겠습니다.

	숙취(+)	숙취(-)	합
음주(+)	30	70	100
음주(-)	4	96	100

상대 위험도

상대 위험도란 각각의 조건에서 사건이 발생할 확률을 구하고 그 비율을 비교한 값입니다. 먼저, 음주한 상황에서 숙취가 발생할 확률 A는 30/100＝0.3이고, 음주하지 않은 상태에서 숙취가 발생할 확률 B는 4/96＝0.0417입니다. 음주에 따른 숙취의 상대 위험도는 A/B＝0.3/0.0417＝7.194로 계산되었습니다. 임의로 제가 만든 값이니 의미를 둘 건 아니지만, 이런 데이터라면 "음주를 하면 하지 않은 경우보다 숙취에 대한 상대 위험도가 약 7배 이상 높다."라고 해석할 수 있겠네요.

교차비

이번에는 교차비를 계산해 보도록 하겠습니다. 교차비는 성공과 실패의 비율을 비교한 값입니다. 음주한 경우의 숙취 교차 (odds) C는 30/70＝0.429입니다. 음주하지 않은 경우의 교차 D는 4/96＝0.042가 되겠네요. 그러면 음주에 따른 교차비는 C/

D＝10.214가 되는 겁니다. 교차비를 가지고 번역을 하자면, "음주를 하면 약 10배 이상 숙취의 위험이 증가한다."가 됩니다.

상대 위험도 vs 교차비

같은 데이터인데도, 상대 위험도로 계산된 값과 교차비로 계산된 값이 차이가 남을 알 수 있습니다. 그래서 상대 위험도로 계산된 값이라면 상대 위험도의 개념으로 이해하고, 교차비로 계산된 값이라면 교차비의 개념으로 이해하는 게 필요하겠죠. 물론 연구설계에 있어서도 상대 위험도와 교차비의 쓰임은 약간 차이가 있습니다. 역사적으로 볼 때 상대 위험도는 모집한 대상자들에게 시간이 흐르면서 질병이 발생하는지 추적 조사하는 전향적 코호트 연구에서 시작된 개념입니다. 실험군과 대조군을 동일한 시점부터 서로 다른 조건에 노출시키고 결과를 비교하는 경우를 생각해 보겠습니다.

	간암(+)	간암(-)	합
음주(+)	A	1-A	1
음주(-)	B	1-B	1

성인이 되어 음주를 시작한 실험군과 음주를 한 번도 하지 않은 대조군을 연구에 참여시키고, 그들의 20년 인생을 전향적으로

추적해 위 표를 만들 수 있습니다. 실험 시작에 앞서 조건에 노출된 전체 대상자 C와 조건에 노출되지 않은 전체 대상자 F를 아는 상태이고, 20년의 관찰 기간을 거쳐 연구가 종료되는 시점에 간암에 걸린 실험군과 대조군 내에서의 환자 수 A와 C가 파악되겠죠. 그래서 전향적 코호트 연구에서는 A/C와 C/F를 비교하는 게 자연스럽습니다.

하지만 기존의 기록을 통해 질병 발생 여부를 조사하는 후향적 코호트 연구에서는 간암에 걸린 환자 A+C명과 그들과 다른 여러 조건(성별, 나이, 소득 수준 등)이 동일하지만 간암에 걸리지 않은 대조군 B+D명을 매칭한 후, 음주라는 조건에 대한 노출 여부에 따라, A+C는 A와 C로 B+D는 B와 D로 양분해 표를 작성한 이후에 음주에 대한 교차 A/B 그리고 비음주군에 대한 교차 C/D를 계산해 비율을 비교했죠. 이게 교차비의 유례입니다.

하지만, 최근에는 전향적 코호트 연구에서도 교차와 교차비를 자주 사용합니다. 위험 확률을 교차로 변환하는 것도, 교차를 위험 확률로 변환하는 것도 수학적으로 가능하거든요. 대신 후향적 코호트 연구에서 교차비 대신 상대 위험도를 쓰지는 않습니다. 그래서 둘 중 하나를 선택해서 익히고 싶다면, 교차비에 익숙해지시는 편이 좋습니다.

상대 위험도와 교차비가 비슷해지는 경우

실제로 상대 위험도와 교차비가 개념적인 측면을 떠나, 수적으로 비슷해지는 경우가 있는데요. 간암처럼 유병률이 낮은 질병에 대한 연구일수록 교차비는 상대 위험도와 거의 비슷하게 수렴합니다. 수학적 증명을 통해 알아보면 다음과 같습니다. 물론, 수학에 울렁증이 있는 분이라면 그냥 제 말을 믿으시고 아래 과정은 생략하셔도 무방합니다.

	간암(+)	간암(-)	합
음주(+)	P_1	$(1-P_1)$	1
음주(-)	P_2	$(1-P_2)$	1

$$OR \approx RR$$

$$RR = \frac{P_1}{P_2},\ OR = \frac{\dfrac{P_1}{1-P_1}}{\dfrac{P_2}{1-P_2}} = \frac{P_1(1-P_2)}{P_2(1-P_1)} = RR \times \frac{(1-P_2)}{(1-P_1)}$$

P_1와 P_2의 값이 무척 낮은 상황(유병률이 낮은 질병)에서는 $\dfrac{1-P_2}{1-P_1}$의 값이 1에 가까워지게 되고요. 그래서 상대 위험도와

교차비가 근사하게 되는 겁니다.

　지금까지 상대 위험도와 교차비의 여러 면을 꼼꼼히 살펴봤습니다. 여러분의 통계 여정에 작은 도움이 되길 희망합니다.

더 읽을거리

『R 통계의 정석』으로 보건 의료 통계를 처음 접한 분들을 위해 추가적으로 도움이 될만한 책들을 소개해 드리고자 합니다.

첫 번째 책은 제 책 중간중간에 여러 차례 언급된 문건웅 교수님의 책입니다. 연구자들의 간지러운 곳을 긁어 줄 R 라이브러리를 개발하시느라 늘 24시간이 모자라신 분이죠. 특히 아래 책은 책상 위에 두고, 기억이 가물가물할 때마다 꺼내 보면 좋습니다.

문건웅, 『의학논문 작성을 위한 'R통계와 그래프』(한나래아카데미, 2015년).

아래 2권도 요리책처럼 곁에 두고, 필요할 때마다 잠깐씩 참고하면 좋은 책입니다. 정독까지 권하고 싶지는 않고요. R 코드를 작성하다가 함수의 옵션 기능 등이 궁금할 때 찾아보기를 통해서 이용하세요.

J.D. 롱, 폴 티터, 이제원 옮김, 『R Cookbook』(인사이트, 2021년).

윈스턴 챙, 이제원 옮김, 『R Graphics Cookbook』(인사이트, 2013년).

또 통계의 개념이 부족해서, 본인의 연구 설계에 어떤 통계 기법을 적용해야 하는지 고민이라면 김지형 선생님께서 쓰신 아래 책도 일독을 권합니다. 기존에 출판된 여러 논문을 사례로 들어 설명하고 있어서 통계 초보들에게는 매우 유익합니다.

김용은,김지형 공저,『한눈에 쏙쏙 의학통계 배우기』(도서출판 대한의학, 2020년).

R을 가지고 의료 패널 데이터를 이용해서 연구를 계획 중이라면, 고민하지 말고 홍지영 교수님께서 쓰신 아래 책부터 구매하세요. 의료 패널 데이터의 알파부터 오메가까지 심도깊게 정리되어 있습니다.

홍지영,『Rstudio로 의료패널 데이터 다루기』(한나래아카데미, 2016년).

데이터 연동형 문서는 알면 알수록 인생에 피가 되고 살이 됩니다. 제 책에도 해당 내용을 수록할까 하다가, 아래 책을 접하게 되어 책 소개로 대신합니다.

고석범,『R과 Knitr를 활용한 데이터 연동형 문서 만들기』(에이콘출판사, 2014년).

끝으로 통계가 과학인 듯, 과학 아닌 듯한 느낌 때문에 잠 못 드는 천생 이과생 분들께는 아래 책을 권합니다. 통계가 과학이 아닌 듯 느껴진다면, 통계의 기본 가정을 이해하지 못하고 응용법만 배웠기 때문입니다. 공부하려면 시간은 배로 필요하지만, 수리 통계를 이해하고 나면 보건 의료 통계가 과학이었다는 사실을 새삼 느낄 수 있습니다.

김우철,『수리통계학』(민영사, 2021년).

찾아보기

메디컬 빅 데이터 연구를 위한

R 통계의 정석

1판 1쇄 펴냄 2021년 10월 8일
1판 3쇄 펴냄 2024년 5월 31일

지은이 김종엽
펴낸이 박상준
펴낸곳 (주)사이언스북스

출판등록 1997. 3. 24.(제16-1444호)
(06027) 서울특별시 강남구 도산대로1길 62
대표전화 515-2000, 팩시밀리 515-2007
편집부 517-4263, 팩시밀리 514-2329
www.sciencebooks.co.kr

ISBN 979-11-91187-30-4 93000